고등학생을 위한
자기소개서의 정석

고등학생을 위한

자기소개서의 정석

초판 1쇄 인쇄일 2017년 5월 22일
초판 1쇄 발행일 2017년 5월 30일

지은이 박재보
펴낸이 양옥매
디자인 남다희
교　정 조준경

펴낸곳 도서출판 책과나무
출판등록 제2012-000376
주소 서울특별시 마포구 방울내로 79 이노빌딩 302호
대표전화 02.372.1537　**팩스** 02.372.1538
이메일 booknamu2007@naver.com
홈페이지 www.booknamu.com
ISBN 979-11-5776-431-0(13320)

이 도서의 국립중앙도서관 출판시도서목록(CIP)은 서지정보유통지원 시스템
홈페이지(http://seoji.nl.go.kr)와 국가자료공동목록시스템
(http://www.nl.go.kr/kolisnet)에서 이용하실 수 있습니다.
(CIP제어번호 : CIP2017012052)

- 자기소개서 단계별 작성법
- 실전 사례
- 학교별 수시 학생부 종합 전형
- 학생부 종합 전형 자기소개서 문항

고등학생을 위한

자기소개서의
정석定石

박재보 지음

책나무

2010년 이후 한 해 수십만 명이 학생부 종합 전형을 통해 대학을 진학하려고 도전한다. 이 전형의 모집 인원과 지원자들의 규모는 지난 5년여 간 상당한 정도로 증가하였다. 그리고 앞으로도 이 전형의 모집 인원과 지원자들의 수는 지속적으로 증가할 것으로 예상된다.

이에 따라 학생들이 자신이 원하는 대학으로 진학하기 위하여, 또한 자기소개서에서 좋은 등급을 받기 위한 경쟁이 치열해지면서 수많은 지원자들 가운데 자기 자신을 드러내는 방법을 찾는 일이 보다 중요해졌다. 이제 수험생들은 자신들이 희망하는 학교에 합격하려면 내신 점수나 수능 점수처럼 객관적인 지표들보다 더 중요한 것들을 자기 소개서에 나타내어야 한다.

거의 대부분의 대학교들이 면접시험을 자기소개서 및 학생부를 확인하는 차원에서 치르는 수준으로 운영한다(서울대, 고려대, 교육대학 및 기타 일부 대학은 아직 심층면접을 실시하고는 있지만). 그러므로 학생들은 자신이 누구인지, 왜 자신이 그 대학교 그 학과에 가기를 원하는지, 왜 위대한 어떤 사람이 되려고 하는지에 대한 자신의 정체성들을 자기소개서에 표현하는 것이 보다 중요해졌다. 다시 말해서, 이제 학생들은 자기 소개서에 자신의 특성을 완벽하게 구성하여야 한다.

학생부에 자신의 경험을 기록하고 좋은 자기소개서를 작성하는 것은 쉬운 일이 아니다. 좋은 자기소개서에 대한 완벽한 형식은 존재하지 않는다. 우리가 따라야 할 대단한 모델이 있는 것도 아니다. 자기소개서는 완전히 개인적인 글이므로 가장 좋은 자기소개서는 자신의 내부에서 우러나온 것이 서술된 것으로, 자신의 목표나 하고 싶은 일, 세계관이 반영되어야 한다.

자기소개서를 작성할 때는 두 가지를 확실히 해두어야 한다. 첫째, 설득력 있게 자신의 주장을 효과적으로 전달하기 위한 서술능력이 철저하여야 한다. 다시 말하면, 글을 작성하기 위한 나름대로의 형식을 구성할 능력이 잘 갖추어져야 한다. 무엇보다도 입학사정관은 자신의 생각을 설득력 있게 진전시킬 수 있는 명확한 능력을 가진 학생을 찾고 있다는 것을 기억하여야 한다. 입학사정관들은 학생이 자신의 글을 작성하는 방법과 자신의 주장을 기술해 나가는 과정을 판단할 것이다.

둘째, 자기소개서의 주제는 아주 중요하다. 학생은 자기소개서를 서술할 때 오직 하나의 주제만을 중심으로 서술해야 한다. 그래서 학생은 자신의 무엇이 가치 있는지 그리고 자신이 어떤 사람인지 표현할 수 있는 믿음이나 경험의 결합체를 선택하여 구성하여야 한다. 그러므로 자기소개서를 작성하기 전에 자신을 표현하기에 가장 적합한 대주제를 몇 개 정도 정해 두고, 그 주제들 중에서 자신을 표현하는 데 가장 적합한 주제를 선택하는 것이 좋다.

이 책은 크게 두 흐름을 따라 구성되어 있다. 첫 번째는 입학사정관에게 자신을 어필할 수 있도록 자기소개서의 구성 형식을 익히는 과정이다. 수많은 지원자의 자기소개서가 산더미처럼 쌓여있는 곳에서 자신의 자기소개서가 입학사정관의 기억에 좀 더 오래 남아 있도록 하는 것은 단지 내용 자체만이 아니다. 또한 입학사정관은 학생이 자신의 생각을 효과적으로 전달하는 능력도 비중 있게 볼 것이다. 첫 번째 부분을 따라 연습하면서 수험생은 자기소개서의 구성 능력을 익히게 될 것이다.

이 책의 두 번째 부분은 자기소개서의 실전 사례와 함께 실전 사례에 대하여 깊이 있는 평가를 제공함으로써 단순히 타인이 서술해 놓은 자기소개서를 참고만 하는 것이 아니라, 무엇이 잘 서술된 것이며 어떤 지점이 수정되어야 하는 것인지 스스로 이해할 수있을 것이다. 물론 학생들이 이 책에서 소개되는 유형에 집착할 필요는 없다. 하지만 이러한 구성을 따라가다 보면 자기 나름대로의 시각이 형성되리라 본다.

이 책의 저자인 나는 자기소개서가 내신 점수, 학생부 기록물들을 포함하는 지원 서류들 중 단지 하나에 불과하다는 것을 알고 있다. 그리고 입학사정관에게 전달된 자기소개서가 어느 정도로 중요하게 취급될지 정확히 알기는 어렵다. 완벽한 자기소개서가 완벽히 합격을 보장한다는 것도 미리 예상하기란 쉽지 않은 일이다.

다만 진지하게 자신의 삶을 생각하고 숙고하는 학생이라면 자신이 성장하면서 갖추어 온 자신의 인성과 지성을 효과적으로 표현하고 최선을 다해 완벽에 가까운 자기소개서를 완성하고 그 결과를 기다리는 것이 올바른 자세임을 알고 있을 것이다. 이 책은 이러한 학생을 위하여 심사숙고하여 저술되었다. 학생을 지도하는 학교 선생님과 학부모에게도 유용한 책이 되리라 확신한다.

2017년 5월
박 재 보

•목 차•

제2장

실전 사례

부록

　이 책은 시간적 여유와 마음의 여유가 그렇게 많지 않은 고 3 수험생들이 입학사정관에게 설득력 있고 호소력 있는 자기소개서를 작성할 수 있도록 하기 위하여 제작하였다. 이를 위해 가장 쉬운 단계에서부터 시작하여 논리적이고 체계적으로 자기소개서를 완성할 수 있도록 단계별로 구성하였다. 그렇다고 해서 이 책에 무슨 마술적이거나 기적적인 기법을 서술한 것은 아니다. 자기소개서에 그러한 방법은 존재하지 않기 때문이다.

　본격적으로 자기소개서를 작성하기 전에 자기소개서를 작성하는 과정에서 반드시 명심해야 할 원칙이 두 가지가 있다. 이러한 원칙들은 흔히 말하는 어떤 '이상하고 기발한' 자기소개서 기법보다 훨씬 중요한 원칙이다.

　첫째는 자기소개서의 작성 능력은 오로지 학생 자신의 내부에서만 나온다는 점이다. 주변에 수많은 조언자들이 있을 수 있고 심지어 급한 마음에 대신 작성해 주는 곳을 찾을 수 있겠지만, 그러한 것들은 주변의 환경에 불과하고 오로지 자신의 세계관과 자신의 주관이 드러나도록 스스로 작성하는 것이 합격을 향한 가장 빠른 길이다.

둘째, 자기소개서를 작성할 때 나름대로의 작성 절차를 따라야 안정적인 글을 완성할 수 있다는 점이다. 고등학교 학생들은 3년 간 수많은 활동을 하는데, 이러한 활동들은 다양한 주제들을 형성 시킬 수 있다. 그러한 주제들을 하나의 완성된 글들로 정리하여 바람직한 결과를 나타내기 위해서는 나름대로의 과정을 따를 때 보다 체계적이고 창의적으로 글을 작성할 수 있을 것이다.

이 책에서는 작성 과정을 크게 3단계로 제시하고 각 단계 내에 서 나름대로의 세부 과정을 제시할 것이다. 이러한 과정을 따라서 차근차근 작성해 간다면 반드시 좋은 자기소개서가 완성되리라 확신한다.

I
자기소개서의 이해

① 자기소개서 1~4번 중 어느 것을 먼저 서술하여야 하는가

대부분의 학생들은 자기소개서 1~4번 중 자신이 서술하기 편리한 부분부터 하나씩 서술해 간다. 그리고 마지막에 4번을 편한 마음으로 서술한다. 하지만 이렇게 서술하게 되면 1~4번까지의 내용들이 각각 해당 문항에 대한 답변으로는 적절하더라도 전체로서 하나의 인성적 정체성이나 지적 정체성을 표현하지 못하는 경우가 발생한다. 그러므로 자기소개서 4번을 먼저 서술해 두어야 한다.

4번은 대학교마다 요구하는 문항 내용에서 다소 차이를 보이지만 대체로 해당 학교·학과에 진학을 희망하는 이유, 진로, 성장 과정을 서술한다. 이 4번이 1~3번을 서술하는 기준이 되어야 한다. 예를 들어 4번에서 자신의 성장 과정과 진로를 서술하면서 자신의 인성적 지적 정체성을 드러내었다면, 그러한 것을 기준으로 1번의 학습 경험, 2번의 교내 활동 등을 서술하여야 한다. 이런 순서로 서술하면 1~4번 모두가 거대한 하나의 체계 속에서 완전한 하나의 글이 된다.

4번 문항은 학교마다 요구하는 질문 유형이 서로 상이하지만 내용상으로는 유사한 것을 서술하도록 되어 있다. 그러므로 자신이 자신의 상황에 따라 진학하고자 하는 대표적인 학교를 정한 다음, 그것을 기준으로 작성하면 된다. 중요 대학의 대학별 문항은 이 책의 '부록'을 참고하길 바란다.

서울대의 4번 문항은 다른 학교와는 확연히 다르다. 자신이 읽은 책을 4권 서술하는 것이 서울대 4번 문항이다. 하지만 서울대를 지원하는 학생도 반드시 다른 학교의 4번을 참고하여 먼저 작성해 두어야 한다. 비록 작성된 그 내용이 제출되지는 않지만, 자신의 지적 인성적 정체성을 정리해 두어야 1~3번 및 4번 읽은 책들이 전체적인 하나의 지적·인성적 정체성 속에서 서술될 수 있기 때문이다. 서울대 4번 문항에 대한 설명을 이 책의 '제1장 Ⅱ-3-1)-가)'에서 소개해 두었다.

② 자기소개서 이해를 위한 사례

나는 학교 주변에 있는 청소년 고육원에 가서 봉사 활동을 하게 되었다. 그 청소년 고육원은 일주일에 수요일과 토요일에 초등학생들을 대상으로 고등학생들이 간단한 학습을 시킬 수 있도록 하는 봉사 활동 프로그램을 운영하고 있었다.

처음 초등학생들에게 기초적인 영어 과외 학습을 하게 된 날, 나는 노트 두 권과 필통을 준비해서 그곳으로 갔다. 조그만 강의실에는 하나의 책상에 세 명이 앉을 수 있는 의자가 있었고, 그곳에는 세 명의 초등학생이 나와 있었다. 처음 가르치는 것이라 말도 서툴고 내가 생각했던 것만큼 발음도 제대로 되지 않았다. 한 학생은 멍하니 있는 듯 보였고 다른 학생은 그래도 뭔가를 해 보려고 하고 있었다. 이렇게 한 시간이 끝나고 나오면서 필통이 탁자에 부딪혀서 모두 쏟아지기도 하였다.

이 수업을 하면서 봉사 활동도 단순히 편하게 하는 것이 아니라 타인에 대한 배려와 준비가 되어야 한다는 것을 느끼게 되었다.

위 사례를 읽어 보면 무난히 잘 서술한 글처럼 보일 수 있다. 봉사 활동이 구체적으로 서술되어 있고 느낌까지 기록되어 있으니 충분히 그렇게 생각할 수 있다. 하지만 이 사례의 글을 통해서 원하는 대학 – 흔히 말하는 좋은 대학 – 에 입학하는 것은 어렵다. 위의 글에는 벌어진 각각의 사건들을 관통하는 어떤 가치관이나 흐름이 드러나지 않기 때문이다.

만약 위의 글이 메스미디어의 기사라면 좋은 글이라 할 수도 있지만, 입학사정관이 이 학생이 어떤 인성과 가치관을 가진 학생인지 알게 하는 자기소개서라고 보기는 어렵다. 마지막에 '느꼈다'라고 느낌을 서술하고 있는 듯하지만 이 '느꼈다'라는 표현은 '입학사정관, 너는 내가 이렇게 느낀 것이니 그렇게 알아 둬!'라는 일종의 우격다짐일 뿐이다. 결국 좋은 자기소개서가 되기 위해서는 단순한 사실의 나열이 아니라 학생 내면의 지적·인성적 성장을 반영하는 내용이어야 한다. 아래에서는 위의 사례를 첨삭해 가면서 글을 다듬어 가는 과정을 밝히고, 학생들이 어떤 것에 주의하여 자기소개서를 작성해 가야 하는지를 소개한다.

③ 선택의 문제

자기소개서는 고등학교 3학년 동안에 했던 활동들을 선택하여 하나의 글로 만들어 가는 과정이다. 자기소개서 각 문항별 작성 가능한 글자 수는 제한되어 있고, 학생 자신의 가치관이나 진로 설정과 관련되는 주제들 또한 제한될 수밖에 없다. 그러므로 자신이 한 모든 활동들을 서술한다면 오히려 핵심이 없는 글이 되기 쉽다.

그러므로 독수리가 자기가 낳은 여러 알 중에 좋은 알을 선택하여 부화시키듯, 모두 소중한 듯이 보이는 자신의 활동 중에서 주관을 가지고 한 행동 외에는 제거해야 한다. 다시 말하면, 금으로 명품을 조각하는 과정에서 목적물에 필요 없는 부분은 아무리 값비싼 금이더라도 깎아 내야 하는 것과 같은 이치이다.

학생들이 자신이 고등학교에서 한 활동 중에서 작성에 필요한 부분을 선택할 때 – 그것이 1번 ~ 4번 중 어떤 문항에 관한 답변이더라도 – 기준이 되는 것은 시점(時點: 시간적인 선택), 일상적인 일과 비일상적인 사건, 긴장과 갈등의 해결, 삶의 가치관과 관련 있는 것 등 네 가지이다. 아마 학생들은 주변에 어떤 일상적인 일을 아주 재미있게 이야기하는 사람이 있을 것이다. 그 사람이 말할 때 우리는 관심을 가지고 더 듣고 싶어 할 수도 있다. 이러한 이야기가 재미있고 관심을 가지도록 하는 요인은 바로 위의 네 가지 구성 요소들이 적절히 선택되고 조화되었기 때문이다.

가. 시점(時點,Time)의 선택

입학사정관은 평면적이고 지루하게 읽히는 자기소개서를 원하지 않는다. 그들에게 어떤 흥미를 일으키는 가장 적절한 방법은 시점을 선택하고 그것을 중심으로 자신의 말을 풀어 가는 것이다. 위에 제시된 사례를 보면 '나'가 봉사 활동을 가는 '시점'부터 내용들이 서술되어 있다. 그러나 시점이란 단순한 시간적 지점(point)을 말하는 것이 아니다.

소설『닥터 지바고』에서는 정차역이 아닌 곳에 기차가 정차하는 사건을 시작으로 이야기를 전개한다. 기차가 정차한 시점은 '지바고'의 아버지가 사망하고 인생의 모든 과정과 가치관이 변화되는 시점이 된다. 이에 반해 위의 사례에서는 단순한 사건의 나열은 있어도 학생 자신의 가치관이나 학교생활, 사회에 대한 가치관에 대하여 의미 있는 시점의 변화에 대해서는 전혀 언급이 없다.

교육과 연관된 진로를 희망하는 학생이라면 평소 학교 선생님의 교육 방식에 만족하지 못하고 있던 시점일 수 있고, 봉사 활동 시간을 의무적으로 채워 보려는 시점일 수 있으며, 본격적으로 사회 문제에 대한 관심을 가지게 되는 시점일 수도 있다. 그러한 시점에 관심을 두고 서술하여야 더 좋은 글이 된다.

나. 일상적인 사건과 비일상적인 사건

위의 사례에서 '나'가 노트와 필통을 가지고 가는 것, 그리고 강의실에 의자가 3개 있는 등의 내용은 평범한 일상적인 일에 불과하다. 이 사례에서 비일상적인 일은 수업 중 한 명이 적극적으로 수업에 임하지 않고 있는 것, 혹은 평소에 알고 있던 단어도 자신의 예상과는 달리 막상 발음을 했을 때 적절하지 않았던 것, 그리고 예상치 못하게 필통을 떨어뜨려 필기구들이 교실에 흩어진 것 등을 들 수 있다.

이러한 비일상적인 사건은 자신의 내면과 주변 환경 ― 인물, 학교활동, 타인의 가치관 ―을 이해하고 밝히는 데 적절한 사건이 될 수 있다. 그리고 입학사정관으로 하여금 새로운 변화나 내용이 발생하리라는 기대를 갖게 하는 사건들이다. 자기소개서를 서술할 때 이러한 사건들을 중심으로 두고 서술하는 것이 더 효과적으로 자신을 표현하는 방법이다.

다. 긴장과 갈등

위의 '나'에서 비일상적인 사건은 단순한 비일상적인 사건 자체만으로는 자기소개서에서 중요한 의미가 될 수는 없다. 학생 개인의 내면적 갈등이나, 학생 개인의 가치관과 사회 환경과의 긴장과 갈등 관계가 드러나는 계기가 되거나 그것이 해결되는 사건이 되어야만 적절한 내용이 된다.

학생이 필통을 떨어뜨린 것은 단순한 사건이 아닐 수 있다. 평소에 선생님의 교육 방식에 대해 만족하지 못하던 학생이 이제 자신이 교육을 담당하고 타인으로부터 평가되면서 야기된 정신적 혼란을 의미할 수도 있고, 집중하지 않은 학생의 경우 교육을 담당하기 위하여 자신이 열심히 준비해 온 것과 비교해 내적 혼란을 발생시키는 사건이 될 수도 있다. 또한 집중하지 않는 학생은 가정이 빈곤하여 걱정거리가 많은 학생이라는 것을 알게 됨으로써 자기소개서를 작성하는 학생이 사회와 인간을 이해하는 새로운 관점을 갖는 계기가 될 수도 있다.

이처럼 내적 · 외적 긴장과 갈등이 있고 그 해결 과정이 있는 자기소개서는 입학사정관에게 보다 좋은 느낌을 줄 수 있다.

라. 뚜렷한 가치관

학생들이 입학사정관이라면 학생들의 수많은 자기소개서를 읽으면서 무슨 생각을 하겠는가? - 왜 이 글을 이렇게 길게 적었지? (자기소개서를 읽을 때마다) 왜 이렇게 내용이 비슷하지? 이 자기소개서는 도대체 무슨 얘기를 하고 싶은 걸까? 내가 시간을 낭비하면서 이런 글도 읽어야 하나? - 부정적인 수많은 생각들을 하면서 읽을 것이라 예상할 수 있다.

수많은 자기소개서 중에서 자신의 글이 흥미롭고 기억에 남도록 하는 유일한 방법은 자신의 가치관을 명확히 하고 자신만의 목표를 솔직하고 성실하게 서술하는 것이다. 앞에서 제시한 사례를 보면, 그 사례에 제시된 자기소개서를 아무리 읽어도 서술한 학생의 가치관이나 인생관, 혹은 학생 인생의 큰 흐름 속에 그 봉사 활동이 어떤 의미를 가지는지에 대해 알기가 어렵다.

자기소개서는 일어난 사건을 단순히 전달하는 신문 기사와는 성격이 다르다는 것을 인식하고 작성하여야 한다. 그러므로 가치관을 보여 주는 것과 무관한 내용, 즉 '노트 두 권과 필통, 의자가 셋' 등과 같은 단어들은 단지 글자 수만 차지할 뿐 아무런 의미가 없는 내용들이다.

마. 선택의 문제들을 긴장과 갈등 중심으로 다시 이해하기

자기소개서에서는 갈등과 해결 과정이 – 학업에 대해 노력한 것이든, 학교생활에 관심을 두고 했던 활동이든, 봉사 활동이든 간에 – 핵심적인 부분을 차지한다. 갈등이란 상충하는 두 힘 사이에서 충돌하는 것이며, 학생이 이것을 해결하기 위하여 어떻게 행동하는지에 대해 입학사정관이 관심 있게 검토하는 부분 중 하나이다.

갈등 관계의 유형을 보면 개인들 간의 갈등, 집단과 집단의 갈등(두 동아리 간의 갈등), 개인과 환경과의 갈등(개인과 자연재해, 개인과 빈곤, 개인과 계층), 어느 것이 옳은 것인가와 같은 개인 내부의 심리적 갈등 등이 있으므로 자기소개서를 서술하는 학생은 자기소개서 전체의 체계를 생각할 때, 자기소개서의 부분들을 서술할 때, 긴장과 갈등의 유형에 대하여 자신의 생각을 정리해 두어야 한다. 학생들은 자신들이 학습 활동을 하면서 갈등 관계를 쉽게 알아차릴 수도 있고, 자신이 갈등 상황에 놓여 있다는 것조차도 모를 때도 있다.

갈등을 해결하는 인물 유형은 크게 두 가지로 나눠 볼 수 있다. 주로 처음부터 끝까지 일관성 있는 전형적인 성격을 가진 인물이 외부 환경에서 주는 압박을 극복해 가는 형식이 있다. 이러한 유형은 문학 작품으로 보자면 전근대적인 인물 유형에 속한다. 다른 한 가지는 시간과 장소에 따라 인물의 성격이 변하고 주로 인물 내부에서의 갈등을 해결해 가는 형식이다. 이러한 유형은 문학 작품으로 보면 현대적인 인물 유형에 속한다.

자기소개서에서 갈등과 관련된 인물유형으로서는 오히려 전근대적인 인물 유형으로 서술하는 것이 좋다. 자기소개서는 짧은 글이어서 다양한 변화를 서술할 여유가 없고, 대학 입학사정관들은 한 학생이 자신의 성장 과정을 일관성 있게 이끌어 가고 있는지를 알아보려고 하기 때문이다. 그리고 갈등의 대상으로는 내면의 갈등해결에 중심을 두는 것이 좋다. 자신의 진솔한 모습을 보이기에는 이러한 유형이 더 적절하다.

a. 자기소개서에서의 갈등 해결 사례

2학년 여름방학 때에는 집안 사정상 어쩔 수 없이 부모님 가게에서 일을 도와 드려야 했다. 어떤 나이 드신 아주머니가 가게에서 냉동식품과 음료수, 통조림과 또 다른 제품들을 구입하고 계산을 끝마쳤다. 모두 들기에는 무거워 보여 "제가 들어 드릴까요?"라고 물었을 때 그 아주머니는 차가운 말씨로 "됐습니다."라고 대답했는데, 그 말이 생각보다는 차갑게 나에게 와 닿았다.

학교의 내 친구들은 학원도 다니고, 각종 강좌나 대학에서 개최하는 진로 프로그램에도 참여하면서 대학을 준비하고 있었다. 나는 대학에 입학하기 위하여 '포장 잘하는 법'이나 '박스를 잘 정리하는 법'을 내세울 수는 없다는 것을 잘 알고 있었으므로 마음이 편하지 않았다.

그런데 그 순간 물건을 들고 차로 가던 그 아주머니의 비닐주머니가 터져서 물건들이 주차장에 굴러다니는 것을 창문 너머로 보게 되었다. 자칫 잘못하여 그런 것들을 밟게 되면 미끄러져 다칠 수도 있을 것 같았다. 또한 내가 더 튼튼한 2겹의 비닐주머니로 담아 주었어야 한다는 것을 깨닫게 되었다.

나는 즉시 달려 나가 여기저기 흩어진 물건들을 열심히 새로운 비닐주머니에 담고 "죄송합니다. 내가 튼튼한 걸로 담았어야 했는데……." 라고 말하면서 포장지를 차에 실어 주었다. 그때 아주머니가 "아니요, 내가 다칠 수도 있었는데 열심히 도와줘서 고맙습니다."라고 친절하게 말해 주었다. 그리고는 차 안을 뒤적이다가 "학생인 듯한데 여기 이거 필요한 데 써요."라고 하면서 문화상품권을 내게 건넸다.

나는 그 아주머니가 떠나는 것을 보면서 많은 생각을 하게 되었다. 짧은 순간이었지만 사람을 너무 쉽게 판단하는 것은 적절하지 않다는 것을 느꼈다. 돌이켜보면 나의 현재 상황에 대한 불만이 그 아주머니를 기분 나쁜 사람으로 몰아가게 한 것일지도 몰랐다. 그리고 직업이란 것이 그 자체로 좋고 나쁜 것이 아니라, 그것을 좋은 것으로 만드느냐 그렇지 않느냐에 따라 직업의 좋고 나쁨이 결정되는 것일지도 모른다는 생각을 하게 되었다.

b. 사례의 평가

위의 자기소개서는 다음과 같은 점에서 좋은 자기소개서라고 볼수 있다. 첫째, 위의 자기소개서에는 내적 갈등이 잘 나타나 있다. 우선 '어쩔 수 없이'라는 단어에서 이 학생의 내면에 상당한 갈등이 내재되어 있음을 알 수 있게 한다.

둘째, 이 학생의 갈등이 아주머니를 통해, 또 다른 친구 학생들의 활동에 대한 생각을 통해 표출되고 있음을 잘 보여 주고 있다.

셋째, 자기소개서의 시점(時點) 선택이 적절하다. 갈등이 시작되는 아주머니의 등장에서부터 글을 시작한 것은 자기소개서를 아주 설득력 있게 만들고 있다. 만약 슈퍼마켓에서 일하기까지의 내용을 모두 서술하였다면 글의 주제가 산만했을 것이다.

넷째, 이 학생의 자소서 내용은 실제 생활에서는 5분 정도의 사건이지만 학생의 가치관의 변화와 자신의 느낌을 잘 드러내고 있다.

다섯째, 일상적인 사건들이 늘 반복되는 활동을 하면서 비일상적인 사건을 적절히 포착해 냄으로써 학생의 감수성과 진지한 삶의 자세를 느끼게 한다.

Ⅱ
자기소개서 작성 시작

1. 적절하지 못한 주제

　자기소개서 전체의 맥락을 정하는 것이나 일부 개별 항목의 주제를 정하는 것은 쉬운 일이 아니다. 어떤 목적으로 글을 서술하든 자기 글의 주제를 정하는 것은 누구에게든지 대단히 어려운 일이다. 막상 자기소개서를 작성하기 위하여 빈 종이 혹은 워드프로세서를 열어 둔다고 하더라도 시작하는 것은 고통일 수 있다. 오늘 정해 놓은 주제가 내일이나 혹은 그다음 날에 보면 이상하기 그지없는 주제일 수도 있다.

　이렇듯 주제 하나 제대로 정하는 것도 쉬운 일이 아니므로 자기소개서를 2-3일 내에 혹은 일주일 내에 작성한다는 것은 행운에 모든 것을 맡기고 아무런 준비 없이 바다에 뛰어드는 것과 같다. 따라서 2학년 겨울방학 기간 때부터 자기소개서를 늘 염두에 두고 서서히 작성해 나가는 것이 가장 바람직하다.

특히 자기소개서를 단기간에 작성하여 충분히 검토하지 않거나, 절실함과 세밀함이 부족한 상태에서 신중하지 않게 설정된 주제의 자기소개서는 입학사정관에게 좋은 등급을 받기 어렵다. 그러한 사례를 들어 보면 다음과 같다.

① 전형적이고 뻔한 주제와 전개 방식

누구나 서술하는 주제를 평범한 전개로 마무리하는 자기소개서는 좋은 등급을 받기 어렵다. 예를 들면 '봉사 활동을 하러 갔다. 처음에는 불편하고 어려울 것이라고 생각했다. 양로원에 계신 할머니가 먼저 마음을 열어 주었다. 봉사하러 간 것이 아니라 많은 것을 배우는 계기가 되었다.'의 형식이다. 이 주제 자체가 적절하지 않다기보다는 개인의 가치관이나 정체성을 통해 진정한 의미를 찾는 내용으로 보기는 어렵고, 오히려 자기소개서의 빈칸을 채워 보려는 시도 같이 보여 입학사정관으로부터 좋은 등급을 받기 어렵다.

② 자기자랑 늘어놓기

자신이 고등학교 과정에서 성취한 일들은 없는 것보다는 있는 것이 좋다. 하지만 단순히 그러한 업적들을 나열하여 늘어놓는 것은 큰 의미가 없다. 그러한 단순한 나열보다는 오히려 자신의 활동들을 자신이 어떤 인성과 지성을 가지고 일관성 있는 열정을 실현하고 있는지를 드러내는 소재로서 활용하여야 한다.

③ 감정적이고 지나치게 정서적인 주제

논리적이고 체계적으로 자신의 인성과 지성을 드러내도록 서술하는 것이 바람직하다. 하지만 지나치게 감성적이고 감정에 호소하는 글은 좋지 않다. 예를 들면 '축구 시합을 하다가 다쳤는데 별로 친하지 않은 친구가 양호실까지 부축해 줘서 감동을 받았다.' 혹은 '오랫동안 키워 왔던 고양이가 죽어서 너무나 큰 슬픔이 밀려왔고 생명의 소중함을 알았다.' 등의 내용은 적절하다고 보기 어렵다.

④ 산만하게 흩어진 주제나 내용 전개 방식

자기소개서에서는 크게 네 가지의 질문이 주어진다는 것은 고3 학생이라면 누가나 알고 있으리라 본다(이 책의 부록 부분에 양식을 수록해 두었다). 불국사 건축물을 보면 청운교·백운교라는 아름다운 다리가 있고, 다보탑·석가탑도 있으며 대웅전도 있다. 비록 건축 전문가는 아니더라도 누구나 별개 모양을 가진 각각의 부속 건물들이 전체로서 조화를 이루고 있음을 알 수 있다.

자기소개서도 묻는 질문이 네 가지 있고, 그에 대응하여 작성하여야 하는 글이 모두 다른 내용으로 채워져야 할 것처럼 보일 수 있다. 이러한 생각은 나름대로 일리가 있기는 하다. 하지만 주의하여야 할 것은 이 네 가지의 질문에 대한 답변들이 전체로서 학생의 인성과 지성을 일관성 있게 드러내도록 조화되어야 한다는 것이다. 물론 하나의 질문 내에서의 답변 내용이야 더 말할 나위도 없는 일이다. 그럼에도 불구하고 각각의 질문에 대한 답변 내용들이 동에 번쩍 서에 번쩍 하는 내용으로 구성된다면 적절한 자기소개서라고 하기 어렵다.

2. 문제 제기를 통해 바람직한 주제를 설징하는 방법

앞에서도 말했듯이 고등학교에서 행하였던 많은 활동을 체계적인 흐름으로 정리할 큰 주제를 찾는 것은 쉬운 일이 아니다. 아래에는 보다 효과적으로 주제를 정할 수 있도록 샘플을 제시하였다. 물론 아래에 제시한 샘플보다 주제를 정할 수 있는 보다 효과적인 방법은 얼마든지 있을 수 있다. 아래의 질문들을 잘 검토해서 자신에게 맞는 주제를 설정해 보기를 바란다.[1]

- 자신의 인생에서 가장 어려웠던 시기 혹은 일은 무엇인가?
- 나의 가족관계 중에서 어떤 점이 가장 나를 열심히 공부하게 하는가?
- 내가 이룩한 결과나 활동한 행동 중에서 어떤 것이 가장 나를 짜릿하게 했는가?
- 배신감을 느낀 적이 있는가?

---

1) Gelb, "conquering the college admissions essay in 10 step", Ten Speed Press, 2008, p31. 참고 및 변형.

고등학생을 위한 **자기소개서의 정석**

- 나의 야망을 현실화시키는 데 무엇이 가장 방해되는가?
- 나에게 일어났던 일 중 가장 즐거웠던 일은 무엇인가?
- 무엇이 나를 자랑스럽게 하는가?
- 순수한 분노를 느낀 적이 있는가?
- 내가 무언가를 이룩하기 위해 노력하는 과정에서 어떤 것이 가장 어려운 점인가?
- 어떤 점에서 내가 그 진로(대학, 학과)에 적합한 인물이라고 생각하는가? 나의 어떠한 행동이 그러한 생각을 하게 만들었는가?
- 나의 인생에서 다른 사람보다 더 뛰어날 수 있었던 두세 번의 기회를 생각해 보라. 그 기회를 살렸는가?
- 내 인생에서 최고의 성공은 무엇이라고 생각하는가?
- 세계화 시대에 내가 가장 흥미로워하는 것은 무엇인가?
- 몸이 마음이 원하는 대로 완전히 일치되는 경우는 언제인가?
- 몸이 마음과 완전히 다르게 행동하는 경우는 언제인가?
- 사람들이 '그것은 할 수 없어.'라고 말한 것 가운데 자신이 행한 것은 무엇인가?
- 나를 가장 의미 있게 만드는 대상이나 소유물은 무엇인가?
- 만약 밤에 잠을 자지 않고 있다면 내게 어떤 일이 일어날 것인가?

위의 질문들은 대체로 긴장과 갈등을 발생시키는 주제들이다. 이러한 긴장과 갈등의 상황을 학생 자신의 내면으로부터 되돌아보고 자신이 어떻게 해결하고 있는가를 생각한 다음 주제를 정하는 것이 바람직하다.

3. 주제 정하기 실전

① 주제 설정에 필요한 활동(자료)들 모아 보기

본격적으로 자신의 주제를 명확하게 설정하려면 자신과 관련된 각종 자료들을 모아야 한다. 물론 학교에서 작성한 학생부가 가장 기본적인 자료가 되겠지만, 그 자료들만으로 주제를 선정하기에는 충분한 자료가 되지는 못한다.

학생부 기록에 더하여 추가할 자료들이라면 읽기(독서), 개인적인 경험과 느낌 감정들, 관찰 결과들(이과 혹은 문과 학생이더라도 자신이 조사하거나 연구한 것이 있는 경우), 면담한 내용들(봉사 활동 중에 만난 할머니나 어린아이들과의 대화 내용, 체육 대회를 진행하기 위하여 토론한 내용들, 교내 신문기자로서 각 분야의 사람들과 인터뷰한 내용들), 그리고 시청각 자료(과학 동아리에서 본 과학시리즈 동영상, 유튜브에서 본 외국 강좌 등) 등을 들 수 있다.

가. 서울대 지원생을 위한 독서 자료 서술 방법

앞에서 서술한 바와 같이 서울대는 4번 문항이 다른 학교와는 확연히 차별화되어 있다. 물론 서울대 지원생들도 일반대학의 ‑ 고려대나 연세대 ‑ 4번 문항을 자신의 정체성을 기준으로 서술한 다음, 자기소개서 1·2·3번을 서술하여야 전체가 하나의 체계를 이루는 자기소개서가 된다고 언급한 적이 있다. 서울대는 여기에 더하여 인성적·지적 정체성을 체계적으로 연결할 수 있는 독서 서적에 대해 서술하여야 한다.

서울대 지원자들이 독서에 대한 경험을 서술할 때 어떤 방식으로 서술하여야 하는지를 소개하고자 한다. 지금 소개할 내용은 서울대 이외의 대학을 지원하는 학생들도 꼭 읽어 두어야 한다. 왜냐하면 대학이 제공하는 자기소개서 양식에 따라 항목을 정하여 독서 서적에 대하여 서술하라는 문항은 없어도 자기소개서의 내용 중에 자신이 읽은 책을 내용의 한 부분으로서 서술하여야 하는 경우도 있기 때문이다. 자기소개서에서 책에 관한 내용을 서술할 때, 학생들이 일반적으로 오해하는 점이 있다. 학생들은 책에 관한 내용을 서술하면서, 입학사정관이 자신이 서술하는 책에 대하여 이미 충분히 알고 있으리라고 생각한다. 그런 생각을 바탕으로 책에 관한 내용을 서술하게 되면 자기소개서의 내용이 충실하지 못하게 된다. 그러므로 짧은 글로 서술하더라도 그 책에서 자신이 서술하고자 하는 핵심을 다른 사람이 충분히 이해할 수 있도록 단어를 신중하게 고려하여 서술할 필요가 있다.

a. 문학 작품이나 고전에 관한 독서

문학 작품이든 아니면 준 전문서적이든 간에 자기소개서 전체에 흐르는 자신의 지적 정체성과 일치되는 작품이어야 바람직한 작품 서술이라 할 수 있다. 문학 작품의 경우 역시, 막연히 감상적으로 읽거나 자기소개서를 막연히 서술해서는 안 된다. 독서를 할 때는 막연히 읽기보다는 주관을 가지고 정독을 하여야 한다. 자기소개서를 서술할 경우에는 자신의 정체성과 관련된 개념을 먼저 소개한 다음, 그것을 기준으로 분석적으로 서술하여야 한다.

다시 말하면, 자신의 지적 정체성을 바탕으로 자신이 늘 가지고 있던 개념들이 구체적으로 어떻게 드러나고 있고 어떤 방식으로 자신의 지적·인성적 성장에 도움이 되었는지를 서술하여야 한다. '헤르만 헤세'의 『나르치스와 골드문트』를 예를 들어 설명하면 다음과 같다. 이 책은 『지와 사랑』이라는 제목으로도 출판되고 있는데, 동일한 책이다.

'이 책은 지적인 인간성을 대변하는 나르치스와 감정적인 인간성을 대변하는 골드문트 사이에서 일어나는 사건들을 서술한 글이다. 나르치스는 수도원 생활을 하면서 끊임없이 절제하며 자신의 정화된 삶을 이루어 가고 있었으며, 골드문트는 수도원 생활을 하기는 하였지만 자신의 자유로운 삶을 동경하여 수도원을 버리고 세속적인 삶을 살아간다. 골드문트는 세속적인 생활 속에 그 당시의 삶을 즐기며 때때로 도덕적인 경계를 넘어서는 범죄를 저지르기도 한다. 골드문트가 욕망적인 삶에 지쳐 더 이상의 인간적인 희망이 없는 상황에서도 나르치스는 그것을 이해하고 받아들이는 관용심을 가진다. 이 책을 읽고 두 사람의 배려와 우정에 대해 다시 한 번 생각해 보게 되었다.'

고등학생을 위한 **자기소개서의 정석**

위 글은 책의 내용을 평범하게 요약하고 있으며, 문제의식이 없이 일상적이고 전형적인 느낌만을 서술하고 있을 뿐이다. 평범한 글은 그 많은 경쟁률을 이겨 내기가 쉽지 않다. 아래에 서술한 학생의 글을 읽어 보자.

'인간이 살아가는 모습은 다양하고 이러한 다양한 모습들이 모여 하나의 인간 사회를 형성한다. 그러므로 인간이나 사회를 볼 때는 어떤 한 부분 만으로 편견을 가지지 말고 보다 더 신중하고 세밀하게 접근해야 한다. 『나르치스와 골드문트』는 인간의 이러한 점을 잘 표현한 책이다. 나르치스와 골드문트의 관계는 단지 두 사람의 친구 관계를 나타내는 것이 아닌 듯하다. 두 사람은 인간 내면의 양면성을 나타낸다. 그리고 이 책을 읽고 골드문트가 인생의 수많은 굴곡을 겪고 난 뒤에 가지는 얼굴 표정에서, 나르치스가 인간 개인의 모든 각각의 경험들이 모여 골드문트라는 하나의 인간을 형성해 왔다고 느끼듯 나도 그것을 느낄 수 있었다. 인간은 그의 행동이 사회 규범에 적합하든 그렇지 않든 간에 자신의 모든 경험들이 모여 인간 자신을 이룬다는 것과 그만큼 한 사람의 삶의 가치가 소중하고 가치 있다는 것이다. 나는 이 책을 읽고 나와 다른 사람을 이해하는 깊이가 더 깊어지고 넓어졌다고 생각한다. 어떤 사람이 현재 경제적으로 사회적으로 어떤 상황에 처해 있든 관계없이 한 인생의 가치는 그 사람이 수많은 경험을 통하여 이룩한 자신만이 가지는 고유한 것이므로 그 자체로서 가치 있게 존중되어야 한다는 것이다.'

위의 글을 보면, 단순히 책의 내용을 요약하고 전형적인 평가를 내리는 차원을 넘어 글 쓴 학생이 뚜렷한 가치관을 가지고 있음을 알 수 있다. 이를 바탕으로 책의 내용을 자신의 지적 인성을 성장시키는 계기로 삼고 있다는 것이다.

좀 더 설명하면 인도에 서서 지나가는 차를 볼 때, '택시 한 대, 버스 3대, 트럭 2대가 지나가는 것을 보고는 차가 많이 지나간다는 것을 느낄 수 있었다.'처럼 서술한다면 이것은 전형적이고 단순히 관찰자적 관점으로 서술하는 것이다. 그런데 '이 지역에는 버스가 많이 필요한데 택시 한 대, 버스 한 대, 트럭 5대가 지나가는 것을 볼 때 버스 노선을 좀 더 늘릴 필요가 있다.'라고 서술한다면 주체적인 서술이 된다.

이와 마찬가지로, 문학 작품에 관한 책을 자기 자기소개서에 서술할 때에도 주체적이면서 자신의 인성을 발전시킬 수 있는 형식으로 서술하는 것이 좋다.

b. 학습 내용과 관련 있는 준 전문 서적이나 논문을 읽은 경우

학습 내용과 관련 있는 준 전문 서적이나 논문을 읽은 경우에는 문학 작품을 읽고 책에 대하여 서술하는 방식과는 다른 방식으로 서술하여야 한다. 이러한 책의 경우, 주관적이고 주체적인 느낌보다는 합리적이고 지식적인 성장이 드러나도록 서술하는 것이 좋다. 예를 들어, 물리적 공간 개념의 변화 과정에 관한 책을 읽었다고 한다면 다음과 같이 서술할 수 있다.

'과거에는 공간을 확정적이고 고정된 실체로 이해하고 시간 역시 불변하는 개념으로 이해하였는데, 현대 물리학에서는 공간과 시간 개념을 상대적인 것으로 이해하고 있다고 한다. 이 책은 이러한 개념의 변화 과정을 이해하기 쉽게 설명하고 있다. 이 책에 의하면 현대의 시간과 공간 개념은 아인슈타인의 주장에서부터 출발하는데, 개념 변화의 핵심은 ○○○의 발견에 있었다. 이 서적을 읽고 나는 물리에서 어떤 개념을 어떻게 이해하고 있었는데, 이 물리 개념이 이러저러한 형식으로 발전될 수 있음을 알게 되었고, 고등학교 물리 시간에 배운 단순한 ○○개념을 확장시켜 이러저러한 개념을 이해하는 목표를 제시해 주었다.'

위에 언급한 글처럼, 준 전문서적과 지식 관련 서적은 그 서적 내에서 자신이 새롭게 알게 된 내용이나 지적 욕구를 자극하는 내용을 서술해 주고 자신의 지식적 측면에서의 확장 방향을 서술하는 것이 좋다.

② 자신의 인성적 · 지적 정체성에 맞는 주제 찾기

자기소개서를 서술하는 상황에서 자신의 인성적 · 지적 정체성은 자신이 가장 잘 안다. 하지만 자기소개서를 작성하기 위하여 고등학교 과정에서 자신이 활동한 많은 자료들을 정리해 두었다고 하더라도, 어떤 부분에 포인트를 두고 자신의 정체성에 대한 체계를 세워야 할지 정하기 어려운 경우가 대부분이다.

크게 아래의 사례를 중심으로 자신의 대주제를 정리해 보자. 너무도 당연하지만, 아래에 들고 있는 사례 이외에 참고로 할 수 있는 기준은 많고 또한 아래 사례들을 조합한 형식의 기준을 자신이 임의로 정할 수도 있다. 여기서 드는 대주제라는 것은 자기소개서 한 문항, 한 문항을 말하는 것이 아니다. 앞에서 말했듯이 자기소개서 전체의 흐름을 잡는 것을 말하고, 자기소개서 4번 문항에서 드러나는 것을 말한다.

가. 정체성(자아)의 형성

개인적인 주장은 명백히 개인적인 것일 수밖에 없다. 학생 자신의 경제적 · 사회적 · 계층적 · 지역적(도시 · 농어촌 등)인 배경을 통해 형성되어 온 자신의 정체성이나 생활 태도는 오직 자신만이 가질 수 있는 주제이다. 이 주제는 입학사정관에게 자신이 어떤 학생인지를 알릴 수 있는 가장 효과적인 방법이 될 것이고, 더 높은 등급을 받을 수 있는 주제들이다.

나. 지원 분야

학생이 자신이 진학하고자 하는 분야가 있다면 그 분야를 중심으로 대주제를 설정하는 것도 한 방법이다. 이 대주제는 무엇보다도 입학사정관에게 자신이 왜 그 대학 그 학과에 지원할 수밖에 없는지 이유를 명백하게 알려 줄 수 있고, 자신이 관심 있는 분야를 명백하게 알려 줄 수 있다. 또한 이 대주제를 선택할 경우, 자기소개서 1번과 2번을 4번과 유기적으로 결합시키기 쉬운 점도 장점이다.

　다. 지적 호기심

　이 대주제는 앞의 '나.' 주제와 유사한 대주제로, '나.'의 주제가 지적 호기심 주제보다 범위가 넓고 보다 먼 장래의 진로에 더 비중이 높다. 지적 호기심에 관한 대주제가 어떠한 것인가에 대해 예를 들어 설명하면 다음과 같다.

　요즘 학생들이 사용하는 용어 중에 소위 '덕후(어떤 하나의 분야에 광적으로 집착하는 사람을 말함)'라는 말이 있다. 어떤 사람이 베토벤의 덕후라고 가정해 보자. 사실은 필자가 고등학교 때 베토벤의 덕후였다. 베토벤이 작곡한 곡의 연주를 각 연주자별로 다 들어 보곤 하다가 베토벤을 좀 더 알아보기 위하여 베토벤 당시의 철학책이나 소설책들 중 번역된 것은 모조리 읽기도 했다. 그리고는 그 당시의 유럽 역사도 알고 싶어서 부지런히 유럽 문화사를 공부하기도 하였다.

　지금 든 베토벤의 예시를 지적인 호기심으로 전환시켜 이해하면 된다. 만약 어떤 현상을 수학 개념으로 설명해 보고 싶은 욕구가 생길 수 있다. 지적 호기심은 일시적인 호기심과는 다르다. 지속적으로 어떤 현상과 그와 유사한 현상을 수학 개념으로 설명해 보고 싶을 수 있다. 심지어 음악을 들을 때 음악의 소리와 쉼의 간격에서조차 수학적인 패턴을 발견할 수도 있다. 이러한 호기심을 충족시키기 위하여 점점 넓은 범위로 혹은 점점 깊은 범위로 자기

스스로 해결 방법을 찾아가는 과정을 경험한 학생이 있을 것이다. 이러한 학생들에게 '지적 호기심'이라는 대주제가 적절한 주제가 될 수 있다. 이러한 지적 호기심은 꼭 어떤 한 과목에 대한 지적 호기심이 지속적으로 계속될 필요는 없다. 수학 개념으로 자신의 지적 호기심이 발생하고 이를 충족하는 과정에서 물리 과목에 새로운 호기심을 가질 수 있다. 이러한 변화를 서술하는 것은 전혀 문제되지 않는다. 다만 지적 호기심이 변화해 가는 과정은 반드시 서술할 필요가 있다.

라. 언어와 외국어

대학교 공부는 대부분 이미 작성된 언어나 문서를 해석하고 이해하면서 공부하는 과정이다. 문과 계열로 진학할 학생이라면 이 대주제를 선택하는 것도 적절하다. 이 대주제에 의하여 자기소개서를 작성하는 학생들은 언어를 사랑하는 사람이어야 한다.

언어는 인간을 표현하고 사회를 표현하며, 자신을 남에게 표현하는 수단이다. 동시에 언어는 그 사회의 문화와 정서를 담고 있다. 언어의 이러한 특성을 제대로 이해하지 못하면 어떤 사회나 국가 혹은 자신의 의사를 제대로 표현할 수 없고 오해를 가져올 수 있다.

이러한 언어에 대해 탐구하고자 하는 태도가 자신에게 있다면, 언어나 외국어를 중심으로 대주제를 선정하는 것도 권장할 수 있다. 특히 좋은 책을 보고 감동을 쉽게 받는다거나 조상들이 제작해 놓은 고전에서 무엇인가를 발견하려고 한다든가 혹은 외국어에 유창한 경우라면 이 대주제를 자신의 자기소개서의 중심 주제로 삼을 만하다.

마. 어려움을 이겨 내는 과정

인간은 어려움을 이겨 내는 과정에서 자신의 개성을 잘 드러낸다. 이 대주제를 정할 때는 주의하여야 할 것이 있다. 어려움을 이겨 내는 과정을 단순히 물리적인 것으로만 이해하면 자기소개서의 내용이 빈약해질 가능성이 있다. 국토 대장정에 참여하여 국토를 종주하였다든가, 지리산이나 설악산을 종주한 사례는 물리적인 어려움을 이겨 내는 과정이라고 할 수 있다. 물론 이러한 사례들도 충분히 좋은 글이 될 수는 있다. 하지만 어려움을 이겨 내는 주제로서 보다 적절한 사례는 내면의 어려움이라 하겠다.

경제적인 어려움, 계층에 의한 어려움 등은 물리적인 환경적 어려움이라고 할 수도 있지만 이러한 사례들은 거의 대부분 학생 내면의 어려움을 동반하게 된다. 이러한 내면의 부조화를 이겨 내는 과정을 서술하는 것은 입학사정관에게 큰 인상을 남길 수 있다. 이 대주제는 자신의 삶에 대한 성찰이 높은 학생이 선택할 경우, 높은 등급의 결과를 얻을 수 있다.

바. 교외 활동(여행 등)

대주제를 정할 때, 반드시 학교 교내 생활만을 기준으로 설정할 필요는 없다. 학교 외적인 분야에 의해서 진로의 경험을 얻을 수 있다는 것이다. 이 주제에 대한 자기소개서의 내용은 이 책 '제2장 실전사례 1-1) 자기소개서 4번' 부분에 언급되어 있다. 여행을 기준으로 대주제를 정할 때는 여행 자체만으로는 완전한 대주제가 되기는 어렵고, 또 다른 주제가 뒷받침이 되어야 한다.

반드시 해외여행일 필요는 없다. 어느 소도시의 허름한 골목시장도 좋고, 자신에게 익숙하지 않은 지역(경상도 사람이 전라도를 여행하거나 전라도 사람이 경상도를 여행하는 것, 바닷가에 생활하는 학생은 내륙으로의 여행)을 여행하는 것도 좋은 주제가 된다. 이 대주제는 화려하고 설득력 있는 특성을 가지므로 입학사정관에게 흥미를 가지고 읽을 수 있도록 하는 주제이다.

③ 주제 구체화하기

앞의 과정에서 대주제를 설정하였다면 이제 대주제를 구체화하여 4번의 내용을 서술한다는 생각으로 아래의 내용들을 읽어 보도록 하자. 구체화하는 과정을 앞의 가 '정체성의 형성'에 관련된 대주제를 통해 설명한다.

가. 대주제에서 더 좁은 주제들로 나누기

정체성의 형성을 경제적 관점에서 서술하기로 대주제를 정하였다면, 대응 개념들을 활용하여 스스로에게 문제를 제기한다. 예를 들어 나의 정체성이 경제적 여건과 관련이 있다면 경제적 여건과 대응되는 다른 요소들, 즉 문화적·계층적·지역적 정체성은 어떠한가, 그리고 경제적 관점의 정체성이라고 할 때 경제적으로 하층인가 아니면 또 다른 경제적 배경을 가지는가, 그중 어떤 경제적 계층을 배경으로 나의 정체성은 어떻게 형성되어 있는가와 같은 질문을 스스로에게 하면서 대주제를 구체화할 소주제들을 설정해 가야 한다.

나. 대주제를 서술할 범위 정하기

대주제를 설정하고 대주제의 좁은 주제들을 구체화하였다면, 이제 어느 정도의 범위로 서술할 것인가를 결정하여야 한다. 경제적 관점에서 형성된 정체성을 바탕으로 구체적인 주제를 결정하였다면, 그러한 세부적 주제들을 어느 범위로 서술할지 결정하여야 한다. 경제적 계층이 중류 계층인 경우, 하위 계층이나 상위 계층은 어느 정도로 서술할지, 자신이 그 계층 환경에서 형성된 정체성의 특징(장점과 단점)들의 어느 부분을 어느 정도로 서술하여야 할지를 결정하여야 한다. 아래의 사례를 참고해 보자.

'나는 경제적으로 부유하지도 않고 가난하지도 않은 평범한 가정환경에서 자랐다. 우리 가족의 경제적 환경은 그렇게 어렵지는 않았지만, 우리 집 주변에는 비교적 가난한 사람들이 많이 살고 있었다. 나는 나 스스로 그렇게 부유하지 않다고 느꼈지만 그 마을에서 같이 자란 친구들 중에는 그 정도의 경제적 환경도 부러워하는 친구들이 있었다.

지금 앞에서 예를 든 사례는 경제적 환경에 의한 정체성을 대주제로 두고, 중류층인 자신과 가난한 주변인들 간의 관계를 소주제 혹은 서술 범위로 설정하여 자기소개서를 작성하고 있는 사례이다.

다. 입학사정관 한정하기

막연하게 '○○대학교'라고 생각하고 서술해서는 안 된다. '○○대학교' 행정학과 혹은 건축학과라는 구체적인 대상을 머릿속에 두어야 한다. 이것만으로는 부족하고, 자기소개서를 작성할 때 입학사정관을 한정하는 단계에서는 최소한 그 학과의 홈페이지를 방문하여 구체적인 상황을 익혀 두고 서술하는 것이 좋다.

④ 주제를 설정할 때 주의해야 할 원칙

주제를 설정할 때 두 가지 점에 유의한다면, 보다 좋은 자기소개서가 될 것이다. 첫 번째 원칙은 자신을 가장 잘 비추어 줄 수 있는 주제가 적절하다는 점이다. 이때 자신을 빛나게 하는 주제라는 것은 자신이 기존에 이루어 놓은 업적들을 번쩍번쩍하게 나열하라는 말이 아니다. 진정한 인간성과 열정을 가지고 행동으로 옮길 수 있다는 점에서 다른 사람과 차이점을 만들 수 있는 주제를 설정하라는 것이다.

두 번째 원칙은 자기소개서에서 제한된 분량을 고려하여 주제를 설정하라는 것이다. 예를 들면 자기소개서의 1번 문항 '학습 경험'에 대하여 서술할 때 제한된 분량은 1,000자이다. 이 분량에서 학생들은 대체로 두 가지 주제를 가지고 서술한다. 하지만 반드시 두 가지를 서술하여야 하는 것은 아니고, 자신이 충실하게 열정적으로 공부한 것이 있다면 한 가지를 서술하여도 전혀 문제가 되지 않는다. 이러한 분량에 맞게 서술하면서도 설득력을 가지는 글을 작성하기 위해서는 너무 넓게(내용적으로), 너무 길게(시간적으로) 주제를 잡는 것은 바람직하지 못하다. 제한된 글자 수의 범위 내에서 자기의 가치관과 정체성을 정확히 드러낼 수 있도록 될 수 있으면 좁게(내용적으로), 될 수 있으면 짧은 시간적 범위를 정하여 주제나 소재를 찾아야 더 좋은 글이 된다.

가. 사례

성환의 가족은 그가 고등학교 2학년 때 고통스러운 기간을 보냈다. 그의 아버지가 갑작스러운 뇌출혈로 쓰러졌기 때문이다. 비록 뇌출혈이 악성이 아닌 것으로 진단받기는 하였지만, 갑작스러운 아버지의 뇌출혈은 모든 가족들이 자신들의 삶을 돌아보는 중요한 사건이었다. 성환이는 자기 가족 내 사건에 대해 가을 축제 때 있었던 연극 활동과 연결 지어 자기소개서를 작성하고 있다. 이 학생은 이산가족 만남에서 아들을 만난 이후 홀로 남한에 남겨진 아버지에 관한 연극을 진행하는 동아리 회장이면서, 그 할아버지의 역할을 담당하게 된다. 성환이는 이러한 역할을 하면서 아버지에 대한 감정이 복잡해지는 것을 느끼게 된다. 그는 결국 그가 연극에서 담당했던 연극의 등장인물을 연기하면서 스스로 가족의 소중함을 알게 된다.

나. 사례를 통한 주제 설정 해설

위와 같은 사례의 글을 서술하려면 스스로에게 반드시 '왜' 이 주제를 서술하여야만 하는가에 대해 자문하여야 한다. 학생들은 어떤 글을 서술할 때 막연히 '이런 것을 서술할까?' 하면서 대주제를 정하는 경우가 있다.

위의 글에서 성환은 자신의 인생에서 아주 큰 전환점을 준 사건이 무엇인지 찾아내었고, 서툴기는 하지만 자기 가치관의 변화가 이 사건과 관련 있을 것이라고 생각하고 글을 시작한 것으로 보인다. 성환이도 고등학교 기간 동안 다른 수많은 활동을 했을 것이다. 하지만 그 많은 활동 중에서 자신의 삶을 성장시키는 적절한 주제를 정한 것이다.

4. 백지에 첫 문장을 작성하자

어떠한 글이든 주제가 정해지면 이제 글을 작성하기 시작하여야 한다. 그런데 누구나 어려워하는 부분이 첫 문장의 작성이다. 자신이 고등학교 과정에서 활동했던 사항들을 학생부 기록 등을 참고로 정리한 다음, 이러한 자료들을 통해 자신의 정체성을 밝힐 전체적인 주제를 선정한다. 그런 다음 세부 문제(다시 말하지만 자기소개서는 네 개의 질문지가 있다)에 대한 중간 주제들을 선정한다.

이러한 주제의 범위를 정하기도 어렵거니와 보다 나은 자기소개서를 작성하려는 자신의 욕심이 너무나 크고 넓어 보이기 때문에 그래서 더더욱 첫 문장을 서술하기가 어려워 보일 수 있다. 자신이 첫 문장과 첫 문단을 작성하고 만족하였다고 하더라도 다음 날이나 일주일 후에 읽어 보면 우습기 짝이 없는 것일 수도 있다. 다시 말하면, 단 한 번의 시도로 좋은 시작이 되기가 어렵다는 것부터 먼저 인식하고 끊임없이 고민하여야 한다.

① 첫 문장을 서술할 때 고려할 수 있는 사례

첫 문장을 서술할 때 '왜' 내가 이 글을 서술하려고 하는지, '왜'에 대한 생각을 늘 하고 있어야 한다. 그런 다음 아래 항목들을 참고하여 시도해 보기 바란다.[2]

✏ 다른 사람과의 관계를 나타내는 문장
'내가 ○○대학교의 물리교수님을 만났을 때'

✏ 과거의 어떤 것을 떠올리기 위하여
'외국의 수학에 대한 서적에서 ○○부분의 설명을 보았을 때'

✏ 일반적이고 전통적인 내용으로 시작하기
'우리나라가 패션이 발달한 나라에 속하지만 우리나라의 전통적인

---

2) Gelb, "conquering the college admissions essay in 10 step", Ten Speed Press, 2008, p29. 참고 및 변형.

섬유를 개발하거나 염색기법을 재창조하는 분야는 그렇게 활발하지 않은 것 같다.'

🖊 가치 관념이나 도덕적인 원리로 시작하기

'학문이 상업적으로 이용되는 것은 나쁠 것이 없지만 오로지 기업의 이익만을 위해서 이루어질 경우(제약회사) 인간의 생명과 환경을 위험에 빠뜨릴 수 있다고 본다.'

🖊 고백 형식이나 용서 형식으로 시작하기

'복지행정을 담당하는 담당자들이 지나치게 형식적이고 보다 세밀하게 필요한 사람을 돕지 못하는 것에 대하여 예산 문제나 법률문제 때문이라는 것을 이해했을 때, 공무원 개인의 인성 문제로 비난하는 것은 적절하지 못하다는 것을 이해하게 되었다.'

🖊 미래의 어떤 목표를 서술하기 위하여

'나는 점점 더 심해지는 이민자 문제를 해결하는 전문가가 되려고 한다.'

🖊 본성(자연)에 대한 어떤 것을 더 잘 이해하기 위하여

'나는 우리 반의 다문화 가정의 친구를 통해 인간성에 대해 더 깊은 이해를 가지게 되었다.'

🖊 즐거운 기분으로 출발하기

'평소에 도저히 이해하지 못했던 물리의 ○○현상을 △△을 통해 해결하게 되었을 때 즐거움은 잊을 수가 없다.'

② 첫 문장을 서술할 때 적절하지 못한 사례

🖉 지나친 저자세

'나는 시험의 결과가 좋지 않을 때는 기분이 급격히 떨어진다. 그리고 2학년 1학기까지의 내신 성적은 정말로 좋지 않다.'

이러한 문장은 자신의 내신 성적이 좋지 않기 때문에 이 자기소개서를 읽는 입학사정에게 '한 번만 봐주세요.'라고 사과하는 글처럼 보인다. 별로 바람직하지 않은 글이다.

🖉 거만한 자세

'당신은 생활이 완전히 엉망인 적이 있었는가? 어떠한 경우를 겪었던 내가 겪었던 고등학교 2학년 때 동아리 활동보다는 덜할 것이다.'

🖉 지나치게 슬픔을 표현하는 문장

'고등학교 2학년 겨울방학 때 내 다리가 부러졌는데 내 생애 최고로 슬픈 기간이었다.'

✏️ 피동문장

'고등학교 2학년 때 ○○강 오염 실태 연구에 참여하게 된 이후 나는 생물 분야에 관심을 가지게 되었다.'

Ⅲ
초안의 작성과
스스로 하는 첨삭

1. 원하는 대로, 마음대로 적어 보기

① 자기소개서를 작성할 때 학생들의 행동 패턴

자기소개서는 학생이 고등학교 3년 동안의 활동을 체계적이고 설득력 있게 하나의 주제에 따라 정리하는 것이고, 자신이 희망했던 학교에 도전하는 관문이다. 그러므로 자기소개서를 본격적으로 작성하는 단계에서는 너무 크고 너무 많은 것이 머릿속을 채우고 타인보다 더 좋은 글을 서술해야 한다는 부담감, 또는 희망하는 대학에 합격할지 여부에 대한 불안감 등이 복합적으로 작용하여 자기소개서를 작성하는 학생에게 – 본인이 스트레스 받는 것을 자각하든 아니든 간에 – 엄청난 스트레스를 주게 된다.

이때 나타나는 학생의 행동은 다양하다. 일단은 자기소개서 작성을 끊임없이 뒤로 미룬다. 혹은 학생 자신이 스스로 여러 가지 이유를 만들어 자기 자신은 자기소개서 없이 대학을 진학할 수밖에 없다고 결론내리고 아예 작성을 포기한다. 이런 학생은 대체로 수시 지원 마감일이 다되어서 급하게 작성하게 되고 '어차피 학생부 종합전형에 지원하지 않으려고 했으니 어떻게 되어도 괜찮아'라고 스스로 만족하는 방법을 찾는다.

그리고 어떤 학생은 한두 줄 서술하고는 주위를 뱅뱅 돌고, 그것도 부족하면 커피도 한잔하고 게임도 한 번 한 다음 또 한 줄을 서술하는 형식으로 작성하는데, 이러한 학생의 글은 전체적으로 일관성이 떨어지고, 문장이나 문단 상호 간에 조화롭지 못한 점들이 발생하게 마련이다.

② 자유롭게 마음대로 작성하기

학생들이 글을 시작할 때 부담을 줄이는 방법 중 하나는 자기소개서를 마음이 가는 대로 적어 내려가는 것이다. 약 30분 전후의 시간을 두고 주제나 문법이나 다른 모든 글 쓰는 원칙이나 목적 없이 단지 자기소개서라는 이름만으로 모든 생각나는 것들을 서술해 보는 방법이다.

주위에 동료들이 있다면 서술하는 것을 서로 대화로 주고받으면서 작성해도 된다. 장난으로 서술하는 것도 괜찮다. 이러한 과정은 본격적으로 운동하기 전 몸을 푸는 것과 같이 본격적으로 자기소개서를 작성하기 전에 사고의 경직성을 풀어 주는 기능을 한다. 하지만 이러한 글은 단순히 장난이나 재미로 끝나는 것은 아니다.

학생들은 이 과정에서 스스로 많은 것을 얻을 수 있다.

2. 자신의 지난 시간을 친숙하게 대하라

자기소개서는 거의 전적으로 학생의 과거를 회상하면서 서술해야 한다. 학생 중에는 자신의 과거에 대하여 차분히 되돌아보는 것에 대하여 – 자신이 자각을 하지 못하더라도 – 거부감을 가지는 경우가 있다. 하지만 늘 즐거운 마음으로 자신의 과거에 있었던 일을 찾는 것에 주저해서는 안 된다. 예를 들면, '내가 초등학교 1학년 때 어떤 사람이 되고 싶어 했는가?', '내가 초등학교와 중학교 때는 그런 친구가 있었지.', '그때 나는 정말로 순수했던 것 같다.', '그 당시에는 왜 그게 그렇게 재미있었을까?', '나는 왜 그것을 그렇게 못했을까?' 등이다.

'자기소개서에서는 고등학교 과정을 주로 서술하고 중학교 과정을 언급한다고 하더라도 그렇게 많은 분량을 차지하지는 않을 텐데, 그렇게 어릴 때를 떠올릴 이유가 있는가?'라고 반문할 수도 있다. 하지만 인간은 자라는 과정 속에서 자신도 모르게 정체성이 형성되고 어릴 때의 여러 가지 사건과 자신의 생각들을 되돌아봄으로써 현재의 자신에 대해 보다 명확하게 이해할 수 있다. 그러므로 자신이 자라 온 역사와 친해지는 과정을 통해 더 좋은 자기소개서를 작성할 수 있을 것이다.

3. 적은 것이 좋은 것이다

고등학교 재학 기간 중 학생들은 수많은 가치 있는 활동을 하기를 원하고 그것을 기록에 남기고 또 내세우고 싶어 한다. 물론 '자기소개서에 기록할 것이 없다'라고 자신을 낮추어 생각하는 학생도 있지만, 이런 학생들조차 이 책의 앞부분에서 든 사례들을 본다면 자신도 생각보다는 자기소개서에 서술할 내용들이 많다는 것을 느낄 수 있을 것이다. 어쨌든 자신이 가지고 있는 고등학교 과정에서 한 활동들을 모두 내세우려고 한다면 '산으로 가는 글'이 될 것이다.

이 책에서 계속해서 언급하는 것처럼 이러한 활동들은 자신의 정체성과 가치관을 내세우는 데 도움이 되어야 하고, 가치관과 정체성을 표현하는 도구로서 사용되어야 한다는 것을 잊어서는 안 된다. 그러므로 자신이 서술하고 싶은 모든 것을 서술하지 말고 자신의 삶과 가장 관계가 깊은 대주제를 정하고 그 대주제를 서술하는 데 필요한 활동만을 선택하여 서술 범위를 축소시켜 자기소개서를 작성하여야 한다.

4. 시간적 흐름을 통한 전개(진로를 변경한 학생에 대하여)

자기소개서는 대체로 과거의 일을 회상하는 형식으로 서술된다. 과거의 어떤 상태에서 시작하여 학생이 점점 성장하고 생각하는 깊이가 깊어지는 과정을 서술하는 것이 가장 무난하고 일반적이다. 전형적인 형식은 "아주 과거 – 과거 – 현재" 형식이다. 이외의 형식으로 "현재 상태 혹은 자신이 희망하는 미래 – 과거 –현재의 상태나 느낌"의 형식을 취하는 것도 적절한 구성이 된다.

시간적 흐름을 따라 서술할 때는 일관성을 유지하여야 한다. 이때 말하는 일관성은 하나의 진로를 끊임없이 추구하여야만 한다는 말이 아니다. 구체적인 진로를 변경하더라도 자기소개서로서 불리한 것은 아니며 오히려 유리할 수도 있다. 하지만 넓은 의미에서 인간적인 일관성은 유지하는 것이 좋다. 아래의 예를 살펴보자.

평소에 인간성에 대해 관심이 많았고 인간과 사회에 대해 애정이 많았던 학생이 있을 수 있다. 이 학생은 사람에 대한 애정과 사회에 대한 애정을 가지고 있지만 단순하고 막연한 낭만적인 이해를 바탕으로 하지 않는 학생이다. 이 학생은 인간과 사회가 바람직한 상태가 되어야 한다는 것을 희망하되 그것이 실현되려면 인내와 타인에 대한 깊이 있는 이해, 법률과 경제적인 상황까지도 고려하여야 한다는 것을 알고 있는 학생이다.

이 사례에서 이 학생이 학생부 기록상 자신의 진로가 처음에 교사였다가, 진로를 행정가로 변경할 수 있다. 이러한 경우 인간과 사회에 대한 애정을 가지는 큰 틀을 유지한다면, 진로를 교사에서 행정가로 변경하는 것은 전혀 문제가 되지 않는다. 자신의 큰 가치관을 실현하기 위하여 방향만을 전환하는 것이므로 오히려 서술하기에 따라서는 보다 좋은 점수를 받을 수 있다.

5. 내용에 따른 구성

내용에 따라 자기소개서를 구성할 때는 다음과 같은 원칙을 지키는 것이 좋다. 물론 내용에 따른 구성 방식에도 수많은 다양한 구성 방식이 존재하고, 여러분들은 지금 소개하는 것보다 더 좋은 구성 방식을 찾을 수도 있다. 하지만 그러한 다양하고 창의적인 구성 방식을 생각하는 것도 가장 기본적인 구성 방식을 발판으로 삼을 때 더 효과적일 수 있다.

자기소개서는 각 문제당 대체로 1,000자를 요구하는데, 두 가지 내용을 서술한다고 가정해 보자. 그러면 한 주제 당 500자(이는 반드시 500자로 정해진 것이 아니고 학생들이 어떻게 서술할 것인지 선택하기에 따라 달라질 수 있다) 정도라고 본다면 세 부분으로 구성해 볼 수 있다.

첫 번째 부분에서는 내적 긴장과 갈등이 발생하는 상황이나 배경에 대해 서술한다. 그다음 단계로는 본격적인 긴장이나 갈등 부분을 서술한다. 마지막으로 갈등이 해결되는 과정과 가치관과 지성 부분에서 한 단계 성숙한 내용을 서술한다. 이러한 단계를 연습하면 적절한 글자 수 내에서 글을 완성시킬 수 있다.

6. 초안 완성 후 검토하기(스스로 첨삭하기)[3]

일단 초안을 작성한 다음(자기소개서 전체든 일부이든) 검토하는 과정을 거쳐야 한다. 큰 주제를 정하고 자신이 어떤 내용으로 글을 완성해야겠다는 것을 내적으로 정리한 다음, 일단 초안을 작성한다. 하지만 자신이 원하는 이상적인 글과 실제 서술된 글에는 많은 차이가 난다. 글이란 일단 서술하고 보면 황금처럼 소중해 보이는데, 이러한 초안에 만족해서는 안 되고 재검토를 통해 수정하여야 한다. 다음의 사항을 기준으로 검토하기 바란다.

① 의도했던 주제

자신이 처음에 의도했던 주제가 서술하고 보면 다른 의미로 서술되어 있는 경우가 많다. 서술 과정에서 새로이 아이디어가 떠올라 전체적인 콘셉트를 변경해야 할 때도 있기는 하지만, 그렇지 않다면 자신이 의도했던 주제가 드러나도록 반복해서 다시 서술하여야 한다. 물론 고통스럽고 힘든 작업이기는 하나 원하는 대학에 합격하려면 그 정도의 노력은 필요한 일이다.

② 균형 있는 구조

글의 전체적인 구조가 균형을 이루고 있는지 확인해야 한다. 본

---

3) 실제 학생들이 작성한 사례를 검토한 내용은 이 책 제2장에 있으므로 참고하기 바란다.

격적인 내용보다는 내용을 위한 환경 설명에 지나치게 분량을 낭비할 수도 있다. 시간적인 순서가 적절하지 않을 수도 있고, 내용상 필요 없는 문장들이 감상적이고 낭만적인 이유에서 서술되는 경우도 있다. 이런 부분들을 고려하여 초안을 검토하여야 한다.

③ 표현상의 문제

글을 읽어 볼 때 평범한 전개라면 변화를 줄 필요가 있다. 시간적인 순서를 변화시켜 핵심적인 내용을 문두에 두고 나머지를 서술해 본다든가 중요한 일을 먼저 서술한 다음 그 일을 풀어 가는 형식으로 서술해 볼 수도 있다. 격언이나 속담을 분위기에 맞지 않게 서술했다든가 은유적 표현을 사용하여 의미가 모호해지지 않았나를 검토할 필요가 있다. 또한 문장의 호응 관계(주어 술어, 능동과 피동, 시제)가 적절한지 점검해야 한다.

④ 글의 느낌 문제

어려운 용어를 사용할 필요는 없다. 예를 들면 '당연한 귀결이다'는 '당연한 결과이다'로 변경할 수 있다. '상황에 내재하는 확고한 문제점'은 '상황이 가지고 있는 확실한 문제점'으로 변경할 수 있다. 고상한 듯 보이는 말이나 한문 투의 어려운 말보다는 고등학생이 사용할 만한 단어를 정성들여 선택하고 사용한 글이 입학사정관에게 더 순수하고 솔직하게 보일 수 있다.

그리고 학생 스스로를 비하하는 듯한 느낌을 주는 표현은 반드시 그래야 하는 것은 아니지만 자제하는 것이 좋다. 예를 들면 '중학교 3학년 이후의 나의 왜곡된 가치관은 지속적으로 이어져 오고 있다.'라든가 '사람이 어떻게 자신을 망칠 수 있는지 알아보려면 내게 물어보면 정확하게 답할 수 있다.'와 같은 느낌을 주는 표현은 삼가야 한다. 하지만 이러한 표현이 아주 짧게 제시되고 이러한 표현을 통해 자신의 미래와 가치관이 새롭게 변화되어 가는 모습을 보여 준다면 그러한 경우에는 가능하다.

  또한 지나치게 감상적인 느낌으로 표현하는 것은 자제하여야 한다. 예를 들면 '나는 내 친구가 다른 친구들로부터 따돌림을 당하는 것을 보았음에도 아무런 행동을 하지 못했다. 이것은 나를 침울하게 만들었으며 내 삶에서 자신감을 뺏어가 버렸다. 결국 나는 눈물 많은 소녀가 되어 버렸다.'와 같은 느낌의 표현이다. 이것을 변경한다면 '나는 내 친구가 다른 친구들로부터 따돌림을 당하는 것을 보았음에도 아무런 행동도 하지 못했다. 이러한 일은 나 스스로를 돌아보는 계기로 작용했고, 그때 느꼈던 분노는 나를 ○○한 것에 관심을 갖도록 하는 계기가 되었다.'의 형식으로 서술해 볼 수 있다.

  그리고 앞에서도 언급한 바 있듯이 자신의 자랑만 늘어놓는 자랑하기식 표현은 좋지 않은 느낌을 준다. 예를 들어 '나는 고등학교 내내 수학만큼은 어느 누구보다도 뛰어난 능력을 가지고 있었다.'와 같은 느낌을 주는 표현이다. 이러한 글보다는 '나에게 수학은 어떤 느낌, 역할을 하는 과목이었고, 어떤 것을 이루기 위하여 반드시 익혀 두어야 하는 과목이었기 때문에 줄곧 열심히 할 수밖에 없었고 그 결과 성적은 다른 학생 못지않게 받을 수 있었다.'로 변경해 볼 수 있다. 계속 말하는 바와 같이 자기소개서는 자신의 가치관과 인생관, 열정과 그것을 실현시킬 행동을 표현하는 글임을 알아야 한다.

학생들은 위와 같은 검토 과정을 통해 자기소개서를 적어도 3~4번 정도를 다시 적게 될 것이다. 그것이 힘들고 고통스러울지 몰라도 그 정도의 노력은 있어야 원하는 대학에 합격하는 보람도 느낄 수 있을 것이다. 자기 첨삭 과정을 거치는 과정에서 학교 선생님이나 전문가의 도움을 받는 것이 좋다.

학교 선생님은 그 반의 모든 학생들의 자기소개서를 충실히 봐주기는 힘들다. 야구 선수가 하루 종일 야구를 한다면 신체가 견디지를 못하듯이 학교 선생님이 모든 학생들을 완벽히 검토하려면 분신술을 사용하여 열 명 정도로 수를 늘리면 가능할지 모르겠다. 그러므로 가만히 앉아서 도움을 바라는 것은 어리석은 선택이다. 모든 수단을 동원해서 선생님께 매달리고 애원해서 도움을 받도록 노력하여야 한다.

⑤ 좀 더 근본적인 검토 사항

가. 전환점에 대한 검토

학생이 지적으로나 인성적으로 보다 성장하게 이끈 사건을 '전환점'이라고 말할 수 있다. 자신이 더 어른스러워지고 더 현명해지는 계기가 된 사건을 핵심으로 적절히 서술하였는지 확인하여야 한다. 전환점이라는 것은 자신이 가지고 있었던 사고나 가치관에 문제점이 드러난 사건이며, 기존의 것들이 어떤 사건을 만남으로써 상실되어버리고 그 사건을 거울삼아 새롭게 자신의 가치관이나 태도가 정리되고 발전될 수 있는 지점을 의미한다. 지적으로나 인성적으로 자신에게 변화를 준 사건을 기준으로 정리하여야 입학사정관이 그 글을 읽고 오래 기억할 것이며, 읽는 도중에라도 다른 학생의 자기소개서와 차이가 있다고 느낄 것이다.

전환점을 도구로 자신이 쓴 글을 검토할 때 주의해야 할 것이 있다. 앞에서 '전환점이란 자신의 사고나 가치관에 문제점이 드러난 사건'이라고 말했는데 '사건'이라는 말의 의미를 정확히 이해하여야 한다. 학생들이 '사건'이라고 하면 말 그대로 '일어난 일'로 생각할 수 있다. 그래서 과학의 발명·발견을 생각하기도 하고, 사회적인 이슈가 되었던 신문 보도의 내용을 생각하기도 하고 주변의 친구가 다쳤던 일을 생각하기도 한다.

하지만 여기서 '전환점'이라는 것은 외부적인 '일의 발생'을 의미하기보다는 학생 내부의 변화를 의미한다. 외부적인 사건은 그러한 변화에 대한 주변 환경일 뿐이다. 전환점을 이렇게 이해할 때, 비로소 제대로 된 자기소개서가 완성된다.

나. 긴장과 갈등 관계의 검토

아래의 사례를 통해 긴장과 갈등의 관계를 정확히 이해하고, 이 설명을 참고로 학생들이 작성한 초안을 스스로 검토해 주기 바란다.

a. 사례

> '나는 친구들과 그렇게 친하지 못하고 혼자서 지내는 학생이었다. 혼자서 지낸다고 해서 다른 친구들이 나를 괴롭히거나 하는 것은 아니고 특별히 친한 사람이 없다는 것이다. 나는 2학년 여름방학 때 주변 대학에서 하는 의료 실습 프로그램에 참여하였다. 나는 그동안 인간의 몸에 관하여 공부했던 나만의 지식이 어느 정도인지를 알지 못하였는데, 그곳에서 실습하는 과정에서 내가 생각보다 많은 것을 알고 있다는 것을 느낄 수 있고 인정받을 수 있었다. 나의 가슴은 기쁨으로 가득 차고 손에서는 활기가 돌기 시작하며 인정받는 즐거움을 느낄 수 있었다. 이를 계기로 자신감을 다시 찾게 되고 나머지 고등학교 생활은 친구들과 잘 어울리는 생활이 되었다.'

b. 평가

위의 사례의 자기소개서는 언뜻 보면 잘 적고 빈틈이 없어 보인다. 의료 실습에서 자신의 지식을 인정받았다는 것을 서술하는 것으로 아마 의대나 간호대에 진학할 때 장점으로 작용하지 않을까 하면서 기분 좋게 생각할 수도 있는 글이다. 하지만 자신의 정체성과 가치관에 대한 좀 더 깊은 갈등 관계를 찾아낼 수 있었다면

고등학생을 위한 **자기소개서의 정석**

합격 가능성은 훨씬 높아졌을 것이다.

우선 이 학생이 왜 친구들하고 친하게 지내지 않았는가를 보다 깊이 들여다볼 필요가 있다. 단순히 자신감이 없어서 친구들과 친하게 지내지 못했다고 생각할 수도 있다. 하지만 이 학생은 아주 약한 공황증이 있었다. 이 학생은 좁은 곳에 들어가거나 꽉 막힌 곳에 들어가는 것이 심리적으로 불편했던 것이다. 그러므로 친구들과 함께 놀러가거나 - 노래 부르는 곳이나 게임방이나 혹은 작은 찻집 등 - 하는 것이 불편하게 느껴졌고, 그래서 그런 곳에 함께 가는 것을 무의식적으로 회피하고 있었던 것이다. 자신의 이러한 문제점 때문에 인간의 몸과 심리에 대해 관심이 많았고 그러한 분야에 대한 공부를 나름대로 하고 있었던 것이다.

이제 다시 위에 사례로 제시한 자기소개서를 아래 평가한 내용과 비교해 보자. 위에 제시한 자기소개서는 일상적이고 평면적이다. 만약 의대나 간호대를 지원한다면 이러한 평면적인 글이나 경험을 서술한 학생들은 생각보다 많을 것이다. 다시 말하면, 평면적으로 혹은 일반적으로는 좋은 글이 되지만 합격에 가까운 글이라고 보기는 어렵다.

만약 갈등 관계를 보다 학생 자신의 내적인 면에 초점을 두고, '의료 체험에서 인간의 심리나 몸의 상태가 실제 인간의 삶에 어떤 영향을 끼치는지 느끼고 그러한 것을 알게 된 이후, 자신과 친구들의 관계를 조절할 수도 있어서 인간관계도 좋아지고 의학에 대한 흥미가 더 강화되었다.'는 내용으로 서술했다면 상당히 좋은 자기소개서가 되었을 것이다. 자기소개서에서는 긴장과 갈등의 발생과 조절, 해결 과정이 핵심이라고 해도 과언이 아니다. 하지만 평면적이고 단순한 긴장과 갈등이 아니라 보다 성찰적이고 신중하게 긴장과 갈등을 찾아야 한다. 위에서 설명한 것으로 이제 어느 정도 이 문제를 이해하게 되었으리라 믿는다.

⑥ 결어

지금까지 이 책을 읽은 여러분들은 이제 자기소개서가 어떤 형식으로 어느 정도의 성찰을 통해서 작성되어야 좋은 자기소개서가 되는지 어느 정도 감을 익혔을 것이다. 단 한 번의 초안을 서술한 다음 지금의 글을 읽고 있다면, 이제 시작 단계를 막 지났다고 생각하면 된다. 일반 학생이라면 아마도 몇 번을 반복하여 수정하면서 이곳까지 왔으리라 생각한다. 이렇게 반복하여 수정하고 다듬어 온 학생만이 끈기 있게 자신의 미래를 준비하는 대단한 학생이라고 할 수 있다.

이제는 한 발 더 나아가 자신의 자기소개서를 한 단계 업그레이드시키는 과정에 들어갈 것이다. 한 발 더 나아간다고 해서 겁먹을 필요는 전혀 없다. 왜냐하면 처음 단계가 어려운 것이지, 여러분들이 지금까지 왔다면 이미 자기소개서에 대해 나름대로의 이해를 이미 하고 있을 것이기 때문이다. 오히려 다음 단계는 앞 단계에서 설명한 것들을 반복하거나 간단하게 점검해서 수정해야 할 사항들이다.

IV
자기소개서
한 단계 더 올라서기

1. 타인에게 읽게 하라

이제 여러분들은 자기소개서의 초안을 완성하고 스스로 그 글을 검토해 보았으리라 믿는다. 그런데 앞에서도 잠깐 언급한 것처럼 글은 '한 번 적으면 황금이 된다.'라는 격언이 있듯이 자신의 글의 단점은 자기 눈으로 잘 보이지 않을 때가 많다. 그러므로 자신의 자기소개서가 어떤 느낌을 주는지, 구성에 문제는 없는지, 읽는 독자(입학사정관)가 내가 의도했던 대로 이해하고 읽는지를 혼자서 알기는 쉽지 않다.

학생들이 주위의 동료나 선생님에게 자신의 글을 읽게 하고 그 느낌을 들어 보아야 한다. '네가 무엇을 말하려고 하는지 알 수가 없네.' 혹은 '여기는 이런 내용을 서술했는데 저쪽 부분은 왜 저런 내용이야?'라는 말들을 들을 수 있을 것이다. 그런 말을 많이 들을 수록 자신의 자기소개서는 더 발전할 것이다.

그런데 어떤 학생들은 '자신만의 비밀이나 자신만의 기법을 혹시 다른 사람이 알면 어떻게 하지?'라며 걱정 아닌 걱정을 할 수도 있을 것이다. 정말로 그런 걱정이 든다면, 자신의 진로와 될 수 있으면 멀리 떨어져 있는 동료들과 대화하는 것도 좋을 것이다.

2. 전체적인 주제와 관련 없는 내용은 주저 없이 배제시켜라

진석이라는 학생은 학교 성적도 비교적 좋고 경제적인 환경도 비교적 좋은 학생이었다. 부모님과 형으로 이루어진 가족은 큰 문제가 없어서 만족하고 생활하고 있었다. 이러한 상황에서 아버지가 뇌 질환으로 쓰러진 적이 있었는데, 이와 관련하여 자기소개서를 서술하려고 하였다.

일반적으로 자기소개서에서는 부정적인 주제는 설정하지 않는 것이 좋다. 하지만 단지 부정적인 것으로 끝나는 경우는 문제가 되지만, 그러한 주제가 인격적 성장이나 지적인 성장으로 마무리되는 경우에는 입학사정관이 일종의 카타르시스를 느낄 수 있기 때문에 좋은 인상을 줄 수도 있다.

어쨌든 진석이와 그 가족들은 남부럽지 않은 환경에서 행복하게 살아오고 있었는데, 아버지의 질병은 충격으로 다가온 상황이었다. 하지만 아버지의 뇌 질환은 간단한 수술로 끝나고 큰 문제가

없이 마무리되었다. 이러한 상황에서 작성된 진석이의 자기소개
서를 소개한다.

① 사례

'내가 2학년 2학기가 되었을 때 학교에서 축제가 있었다. 나는 이 축
제 기간에 연극 공연을 담당하는 담당자로서 활동하게 되었다. 연극의
주제는 나이 드신 남한의 아버지가 이산가족 만남 기간에 북에 있는 아
들을 만나고, 헤어진 다음에 남한에서 여생을 보내는 내용이었다. 연극
의 주된 내용은 이산가족 만남 이후 할아버지의 삶이었다. 연극 동아리
의 리더로서 몇 번의 회의를 개최하여 대본과 배역을 정하였다. ①그리
고 축제 기간 중 연극할 장소를 협의하여 장소도 마련하였다.

몇 번의 연습을 하는 중에 나는 아버지께서 병원에 입원하였다는 말
을 들었고, 우리 가족은 병원으로 달려갔다. 우리 가족은 수술 전에 각
서를 작성하고 의식이 없는 아버지는 병원 응급실에 누워 계셨다. ②병
원 응급실은 여러 명이 의식 없이 누워 있었으며 가습기와 각종 기계
들이 가득 차 있었다. 거의 처음 겪는 이 일에 나도 형도 어쩔 줄을 모
르는 상태였고, 그 이후 학교생활 내내 머릿속에는 온통 병원 응급실에
대한 생각뿐이었다.

그러는 중에도 학교에서 연극 준비는 계속되었고, 나는 아버지에 대
한 걱정 때문에 연극 감독을 더 이상 할 수 없을 것 같다고 동료들에게
말하고 지도 선생님에게도 말씀 드렸다. 연극 중에 연극에서 북에 아들
을 둔 아버지의 마음을 연기하는 동료를 점검하고 있던 나는 아버지의

사랑에 대해 더 많은 생각을 하게 됐고 제대로 역할을 수행하기가 어려울 것 같았다. 아버지는 일주일 만에 거의 정상으로 돌아오셨고 간단한 질환이고 일찍 발견되어 더 이상의 문제가 없다는 것이 확정되었다. 그리고 연극도 무사히 끝났다. ③나는 이 일을 계기로 내 가족이 얼마나 소중한 것인가를 알게 되었다.'

② 평가

위의 제시문은 평균적으로 잘 서술된 내용이다. 아마도 적절하지 못한 글은 아니지만 아주 좋은 글이라고 할 수는 없다. 위의 글이 평범하다는 말은 어떤 점에서 그러한가. 위의 글은 발생한 일에 대해 시간적인 흐름에 따라 서술하고 있다. 학생 자신의 정체성이나 내면의 변화를 따라 흐름을 이어 가도록 서술되지 않은 것이 이 글의 한계다. 만약 ③의 표현이 없다고 보면 어떤 사건을 기록한 기록물 정도의 자기소개서로 보인다. 그러므로 ③의 표현 또한 입학사정관에게 쉽게 와 닿지 않을 수 있다.

위의 자기소개서는 아버지의 일과 연극이라는 두 가지 사건을 연결시켜서 서술하고 있는데, 그 두 가지 사건이 내면적으로는 전혀 연결성이 없다. 연극을 진행하는 과정에서 연극의 등장인물인 아버지의 아들에 대한 마음을 나타낼 수 있는 내용이 존재하고, 그러한 내용을 통해 자신의 가족에 대해 되돌아볼 수 있는 과정을 서술하였다면 더 좋은 글이 되었을 것이다.

한정된 글자 수에서 자신을 표현하는 자기소개서의 한 단어, 한 문장은 소중하다. ①과 ②는 학생의 정체성을 표현하거나 내면의 흐름을 따라가는 본질적인 내용과 관련이 없다. 그러므로 ①과 ②를 삭제하고 위의 평가에서 언급된 부분을 추가하여 서술하는 것이 더 적절하다.

3. 마무리는 도입부만큼이나 중요하다

국제 정치학을 전공하려는 학생이 있었는데, 그 학생은 대체로 자기소개서를 잘 작성한 편에 속하였다. 그는 자신이 자라면서 국제 정치 상황에 대해 겪었던 경험을 서술하고 그 분야를 공부하기 위하여 나름대로 노력한 부분을 잘 정리한 다음 마무리를 하는 단계에 있었다. 여기에서 든 사례는 자기소개서 중 4번에 해당하는 내용이다. 이 학생이 마지막 부분에 적은 글을 예시로 살펴보자.

'나는 국제 정치가 우리들 개인의 삶에 끼치는 영향이 얼마나 큰 것인가를 알게 되었고 국제 정치를 통해서 국제 사회의 갈등을 해결하고 싶다. ㉠야생 동물이 뛰어노는 아프리카에서 밀림이 우거진 동남아시아까지, 흰 곰이 살아가는 북극에서 펭귄이 살아가는 남극까지, 광활한 사막이 있는 서남아시아에서 유교문화가 남아 있는 동북아시아까지.'

위 사례에서 ㉠부분은 긴장감 없이 읽어 보면 특별히 문제될 것이 없는 듯이 보이기도 한다. 하지만 이 학생이 이 글의 앞부분에서 서술해 왔던 논리적이고 체계적이며 잘 짜인 흐름에서 갑자기 벗어나 낭만적이고 감정적인 글로 마무리하고 있다. 특히 이 부분은 실제 이 학생이 어떤 가치관을 가지고 있고 국제 정치학에 대해 어떤 이해를 가지고 있는지와는 전혀 관계가 없는 글이다. 이 부분이 없는 상태로 마무리했다면 훨씬 좋은 글이 되었을 것이다.

이 글에 대해서는 이 책의 제2장에 사례를 다시 정리해 두었다. 자신도 모르게 이러한 부분이 서술될 수 있음을 늘 자각하여야 한다.

V
자기소개서 완성을 위한 최종 단계
– 금동상을 조각하자

1. 대명사 정확하게 사용하기

글을 마무리하면서 다듬어 갈 때 대명사가 정확한지 반드시 확인하여야 한다. 다음 사례를 통해 오류를 확인해 보자.

'우리는 축제에서 사용될 옷감을 고르기 위하여 큰 전통시장에 직접 가기로 하였다. 그곳에서 옷감을 취급하는 운영자들을 일일이 만나면서 옷감의 종류가 어떠할 때 어떤 질감이 있는 옷을 만들 수 있을지를 조사했다. 그리고 염색은 어떤 방법으로 하는지를 배우고 학교로 돌아올 수 있었다. ㉠이것은 우리가 축제 때 사용할 의상을 만드는 데 많은 도움을 주었다.'

위의 글에서 ㉠ '이것'이 무엇을 지시하고 있는지 분명치 않다.

우리가 축제 의상을 마련하기 위하여 했던 모든 행동 전체를 말하는 것인지, 옷감의 종류와 질감에 대해 알게 된 것을 말하는지, 염색 방법을 말하는지, 아니면 옷의 종류와 질감 그리고 염색 방법을 배운 것 둘 다를 말하는지 알기가 어렵다. 만약 옷의 종류와 질감 그리고 염색 방법 둘 다를 지시하는 것이라면 '이것'보다는 '이것들'로 표현을 바꾸는 것이 더 정확할 것이다.

비록 진지한 생각으로 신중하게 글을 서술해 나가는 학생이더라도 긴장을 하지 않고 자각을 하지 않은 상태에서 대명사를 사용할 경우, 오류가 자주 발생하는 것을 많이 보아 왔다. 그러므로 될 수 있으면 대명사를 사용하지 말고 대명사가 지시하는 내용을 직접 서술해 주는 것도 이러한 오류를 줄일 수 있는 한 방법이고, 만약 대명사를 사용할 수밖에 없다면 지시하는 부분이 정확하도록 신경 써야 한다.

2. 부사와 형용사의 사용 자제

① 부사

부사를 완전히 사용해서는 안 된다는 원칙은 없다. 하지만 부사의 사용은 명확하지 못한 글을 만들 가능성이 크므로 부사는 동사로 바꾸어 사용하도록 노력하여야 한다. 예를 들어, '나의 생일에 아버지는 문 뒤에서 ㉠ <u>아무도 모르게</u> 숨어 계셨다.'라고 어떤 학생이 서술하였다고 하자.

　여기서 ㉠의 '아무도 모르게'라는 의미가 실제로 아무도 모르게 라고 할 수 있는지 어떤지가 부정확하다. 즉, 실제로 아무도 모르는 것인지 아니면 어느 정도는 예견 가능한 행동이었는지 모호하다. 그리고 가족 중에 일부 구성원은 이미 알고 있었을 수도 있다. 그러므로 이러한 부사를 사용하여 문장을 표현하기보다는 다음과 같이 바꾸어 볼 수 있다. 아래에 바꾼 글의 느낌을 잘 익혀서 조금 더 적합한 표현으로 바꾸어 보도록 하자.

　'아버지는 나의 생일에 나를 즐겁게 해 주기 위하여 문 뒤에 숨어 계셨다.'

　느낌이 잘 오지 않았다면 다시 두 문장을 읽어 보고 표현의 차이를 익혀 두도록 한다.

② 형용사

　다음에 서술한 학생의 글을 예로 설명한다.

'할머니는 하얀 머리를 하고 있었고 허리가 굽어 키가 작았다. 까만 눈동자를 가지고 있어서 나이가 들었어도 생기가 있었다. 할머니는 힘든 걸음걸이로 공원의 수도가 있는 곳에 가서는 물을 먹으려고 시도하였다. 하지만 할머니가 수돗물을 먹기에는 키가 너무 작아서 아름다운 할머니의 손은 수도꼭지에 닿을 수가 없었다.'

'할머니는 허리가 굽어 키가 작았지만 생기 있는 분이었다. 할머니가 물을 먹기 위하여 수도가로 갔을 때 할머니의 키가 너무 작아 수도 꼭지에 물을 먹을 수 없었다.'

두 글 가운데 위에 제시된 글은 다양한 형용사를 사용하고 있다. 이 글이 소설이라면 충분히 좋은 글이 될 수도 있다. 하지만 자기소개서와 같은 짧고 목적이 분명한 글에서는 적절하지 못하다. 아래의 글을 보면 앞의 글보다 더 심플한 느낌이 든다. 학생 자신이 원하는 글의 목적을 위하여 자신 있게 나아가는 느낌을 주게 된다.

어떤 상황의 모든 요소를 모두 서술할 필요는 없다. 늘 말하듯이 자신의 가치관과 정체성을 드러낼 수 있는 주제를 두고 그 주제를 전달할 수 있도록 글을 다듬어야 한다. 두 글을 보고 형용사를 많이 사용한 글과 그렇지 않은 글의 차이를 느끼고, 자기소개서를 작성할 때 그 느낌을 살려서 작성하여야 한다.

3. 반복구 사용 자제

아래 사례는 자기소개서의 사례는 아니다. 하지만 반복구 사용에 대해 설명하기에 적절한 사례이므로 서술하였다.

① 반복어를 사용한 사례

인간은 개인 및 집단 간의 관계에서 의미를 발견하고자 끊임없이 <u>노력한다</u>. 전문적인 학자는 처음에는 명백한 관계를 대상으로 직접적이고 명확한 의미를 <u>구하고자 노력하지만</u> 이윽고 그것을 무시하고 패턴을 구하는 방법을 <u>배우려고 노력한다</u>. 학자 역시 자신들이 해명하고자 하는 커뮤니케이션의 유형에 의존하면서 자신이 지각한 사항을 확대하거나 축소하는 방법을 <u>배우려고 노력하지 않으면 안 된다</u>. 이로 인해 학자들은 이해가 가는 직업적 맹목성으로 빠져들게 되고, 그 결과 다른 유형의 커뮤니케이션이나 다른 파장 등에는… (종략)

② 반복어를 수정한 사례[4]

인간은 개인 및 집단 간의 관계에서 의미를 발견하고자 끊임없이 <u>노력한다</u>. 전문적인 학자는 처음에는 명백한 관계를 대상으로 직접적이고 명확한 의미를 <u>구하지만</u> 이윽고 그것을 무시하고 패턴을 구하는 방법을 <u>배우려고 한다</u>. 학자 역시 자신들이 해명하고자 하는 커뮤니케이션의 유형에 의존하면서 자신이 지각한 사항을 확대하거나 축소하는 방법을 <u>이해하려고 하지 않으면 안 된다</u>. 이로 인해 학자들은 이해가 가는 직업적 맹목성으로 빠져들게 되고, 그 결과 다른 유형의 커뮤니케이션이나 다른 파장 등에는… (종략)

---

4) 에드워드 홀, 『침묵의 언어』, 한길사, 2015, p129.

4. 격언 · 속담 등 전형적인 표현의 사용 자제

격언이나 속담은 일반 사람들에게 평면적이고 보편적인 이미지를 형성시키지만, 조금씩 자신의 상황에 따라 다르게 해석하여 사람마다 다른 이미지를 가지고 있기도 하다. 그러므로 이러한 표현을 사용하면 작성자의 의도가 정확하게 상대방에게 전달되지 않는 경우가 있다.

'좋은 것이 좋은 것이다.'를 예를 들어 확인해 보자. 학생은 다른 동료들과 무난하게 지내는 것이 내가 목적으로 하는 분야에 대해 노력하는 데 시간을 절약할 수 있고 더 나은 성과를 이룰 수 있다고 생각하면서 이 표현을 서술할 수 있을 것이다. 하지만 이 격언은 또한 적당주의 혹은 비리나 부정을 눈감고 넘어가려는 부당한 행위자들의 야합으로 이해될 수 있는 표현이다.

5. 주의해야 할 맞춤법

① '할 수 있다'[5]

'어떤 일을 할 만한 능력이나 어떤 일이 일어날 가능성'을 나타내는 '수'는 의존명사이므로 앞과 뒤의 말에 반드시 띄어서 '공부할 수

---

5) 박재보, AAT 경북대학교 논술, 책과나무, 2015에서 참고함

있다.'와 같은 형식으로 서술해야 한다. 그런데 '수'가 '가', '도', '는' 등과 같이 조사와 함께 사용될 때에는 붙여 사용한다. '공부할 수가 없었다.', '공부할 수도 있다.', '공부할 수는 없었다.'의 형식이다.

② '아래 글에서'? '아랫글에서'?

'아랫글에서'가 올바른 표기다. 혹은 '아래 제시문에서'도 적절한 표현이다. '아래 글에서'는 잘못된 표현인데, 네이버 맞춤법 검사기에서는 옳은 표현으로 나온다. '아랫글'이 '바로 아래의 글'이라는 뜻의 한 단어이므로 '아랫글에서' 혹은 '아래 제시문에서'와 같이 표현해야 한다.

③ '~만'

다른 것으로부터 제한하여 어느 것을 한정함을 나타내는 보조사 '만'은 '한국만이', '한국만의'처럼 앞 단어에 붙여서 사용한다. 단, '하루 만에', '십 년 만의' 등 동안이 얼마간 계속되었음을 나타낼 때는 의존명사로서 띄어쓰기해야 한다.

④ '~것이다'

'가는 것처럼'의 예와 같이 '것'은 의존명사이므로 띄어쓰기해야 한다. '제시문이 말하는 것과 같이'와 같이 사용하면 된다. 단, '새 것', '옛것', '까짓것', '별것' 등은 한 단어이므로 붙여 써야 한다.

⑤ '~만큼'

'생산하는 만큼 분배하는 것이'와 같이 '만큼'은 의존명사이므로 앞의 단어와 띄어서 사용한다. 붙여서 사용해서는 안 된다.

⑥ '~처럼'

모양이 서로 비슷하거나 같음을 나타내는 격 조사 '~처럼'은 '생각처럼 되지 않는다.'와 같이 앞 단어에 붙여서 사용해야 한다. '제시문 처럼 주장해서는'과 같이 사용해서는 안 된다.

⑦ '~된다'

'열심히 하게 된다.'와 같이 '된다'는 앞 단어와 띄어서 사용해야 한다. '노력하게 되니'처럼 앞 단어와 띄어서 사용하자.

⑧ '듯하지만'

'이상한 듯 하지만'은 오류다. 그리고 '이상한듯하지만' 역시 오류다. '이상한 듯하지만'처럼 사용해야 한다. '듯'은 앞 단어와 띄어서 사용해야 하며, '듯하다'는 한 단어이므로 붙여 써야 한다.

⑨ '안되다'와 '안 되다'

'안'은 대부분 '안 한다', '안 좋다'와 같이 앞의 말에서 띄어 적는다. 그러나 '안 되다'의 경우에는 예외가 있다. '되다'의 부정·반대 개념일 때에는 '안 되다'와 같이 띄어 적고, 그 자리에 '잘되다'

를 쓸 때 반대 개념이 자연스럽게 형성되는 경우에는 '안되다'와 같이 붙여 써야 한다. 예를 들어 '내 힘으로는 안 되겠군요.', '자식이 안되기를 바라는 부모는 없다.'와 같이 적는다. 섭섭하거나 가엾어 마음이 언짢다거나 얼굴이 많이 상했을 때 또한 '그것 참 안됐다.', '얼굴이 안됐네.'와 같이 붙여 써야 한다.

그리고 '않'을 쓸 경우에는 '않는다', '하지 않다'와 같이 적어야지, '않 한다', '않 좋다'와 같이 적어서는 절대 안 된다. 이 부분은 잘 틀리는 표현이니 주의해서 외워 두도록 하자.

⑩ 기타 주의할 표현

'이부분'은 오류다. '이 부분이'이라는 표현이 맞다. '한국 이외에'의 표현은 옳은 표현이며, '한국이 외에', '한국이외에'의 표현은 오류다. '여'(40여 년 전), '간'(부부간, 서로 간), 단위의 띄어쓰기(예: 천만 년, 오천만 원), '동안'(오랫동안, 그동안, 한동안, 한참 동안)의 띄어쓰기에 유의하기 바란다. '그다음', '그때', '그날', '그중'은 모두 붙여 쓴다는 것도 잊지 말자.

6. 성차별 단어에 주의하라

성과 관련된 표현에 크게 신경 쓰지 않는 학생이 많다. 예를 들면, '봉사하러 간 시골에서 할아버지와 그의 아내가 함께 걸어가고 있는 것을 보았다.', '아버지와 어머니께서는', '남자 두 명과 여자 두 명이', '역사를 담당하는 여선생님께서', '여의사가 나와서', '여자 대학' 등을 예로 들 수 있다.

만일 '이러한 표현이 뭐가 이상하지?'라고 생각한다면, 자신이 좀 더 표현에 주의해야 할 사람이라고 느껴야 한다. 위의 표현들을 변경하면 다음과 같다.

• '봉사하러 간 시골에서 <u>노인 부부가</u>'
  할아버지를 먼저 서술하고 여성인 할머니는 그냥 남자의 부인으로 서술하고 있다.

• '<u>부모님께서는</u>'
  아버지를 먼저 서술하는 것도 남성 우월주의로 보일 수 있다. 하지만 개별적으로 어머니 혹은 아버지를 서술하는 것은 문제가 없다.

• '<u>네 사람이</u> 걸어가고 있었다.'
  남자 두 명을 먼저 서술하는 이유가 있는가?

• '역사를 담당하는 <u>선생님께서</u>'
  왜 여자에 대해서는 지위 앞에 여성이라는 표현을 하는가?

- '이 대학에 지원'

숙명여대 · 이화여대와 같이 공식적 명칭에서는 여성이라는 표현을 사용하는 것은 문제가 없지만, 그러한 공식적 명칭과 관련이 없다면 '여자대학'이라는 용어는 사용하지 않는 것이 좋다.

이와 같은 성차별 용어는 만약 입학사정관이 남성일 경우에는 큰 문제가 되지 않을 수 있다(반드시 그런 것은 아니다). 하지만 입학사정관이 여성일 경우에는 상당히 민감한 사안으로 작용할 수도 있다. 이런저런 이유를 떠나 앞으로 글을 작성할 때 양성에게 평등한 용어를 사용하도록 태도를 바꿔 가는 것이 바람직하리라 본다.

7. 끊임없는 수정 또 수정

이 책의 머리말에 언급하였듯이 자기소개서는 오로지 자신만의 작업이다. 자신의 과거 성장 과정과 대화하면서 친숙해지는 것은 자기 자신이 해야 할 일이다. 자신이 성장하고 변화해 가는 과정은 누구보다도 학생 자신이 가장 잘 안다. 하지만 원하는 대학에 진학하기 위하여 자기소개서의 작성을 시작하는 그 순간부터 학생들은 끊임없이 주위로부터 조언과 비판, 충고를 듣게 된다. 이러한 것들은 학생이 자기소개서를 완성하고 인터넷으로 원하는 학교에 제출할 때까지 계속된다. 이러한 비판을 받아들이느냐 아닌가는 전적으로 학생 자신에게 달려 있다.

해리포터 책을 출판할 때 저자가 처음에 방문했던 출판사는 이 책의 가치가 너무 낮아서 출판할 가치가 없는 것으로 보고 책의 출판을 거부했다는 일화는 매우 유명하다. 이와 달리 소위 전문가들에 의해 아주 중요하고 가치 있는 것으로 평가받은 책이 일반 독자에게 전혀 어떤 가치도 없는 것으로 평가되기도 한다. 이처럼 주위의 평가는 늘 옳은 것도 아니고 늘 잘못된 것도 아니다.

그렇다면 그러한 조언들을 어떻게 받아들이면 좋을까? 그 방법을 아래에 서술하고자 한다.

① 될 수 있으면 보다 많은 사람의 평가를 들어라

학생들은 다른 사람의 평가가 아주 좋든 아니면 아주 나쁘든 간에 스스로 그러한 평가를 들으면서 자신의 문제점을 찾을 능력을 가지고 있다. 그런데 어떤 평가를 받았을 때 스스로 생각하기에 그 정도면 괜찮다고 느껴질 때는 굳이 변경하지 않아도 된다. 입학사정관도 그러한 평가를 하는 사람 중 한 명일 뿐이다. 그러한 이유에서 보다 많은 사람들의 평가를 들어 보는 것이 바람직하다.

② 예상치 못한 사람·사건에서 아이디어를 찾아라

일단 자기소개서를 완성한 후 마무리를 하는 과정에서 평가를 받을 때는 주로 전문가를 찾아가는 경향이 많다. 학교의 담임 선생님이나 교과 선생님을 찾을 수도 있고, 이 책의 저자와 같이 학교 외부의 전문가를 찾아갈 수도 있다. 이렇듯 전문가의 의견을 듣는 것도 중요하지만, 동료들이나 일반적인 수준의 사람들 – 예를 들면 같은 반 친구들, 한 살 정도 많은 선배나 한 살 정도 적은 후배 등 – 의 견해를 듣는 것도 아주 중요하다. 오히려 신선한 시각에서 평가와 조언이 있을 수 있기 때문이다.

또한 사람을 통해서가 아니라 전혀 다른 곳에서도 평가와 조언을 얻을 수 있다. 잘 짜인 영화에서, 혹은 잘 구성된 소설이나 드라마 혹은 토론 프로그램을 통해서 자신의 글을 검토하는 기준이나 아이디어를 얻을 수 있다.

③ 자신이 서술하려고 했던 큰 흐름을 따라가면서 검토하라

모든 부분이 자신의 의도하는 큰 흐름 – 예를 들면, 인간에 대한 애정, 계층 격차에 대한 성찰, 과학에 대한 애정, 사회에 대한 열정 – 을 중심으로 그러한 흐름에서 너무 벗어나 있는 것은 제거하고 혹시 부족한 부분은 추가하여 서술하여야 한다.

④ 그런데…

그런데 마지막 검토 단계에서 검토의 기준에 따라 점검해 본 결과 완전히 새로 서술해야 할 것 같은 강력한 사정을 발견했다면 어떡하여야 하는가? 좀 잔인한 말이지만, 다시 서술해야 한다. 이 책의 첫 단계에서부터 다시 출발해야 한다. 아마 처음 서술할 때보다는 조금 쉬울지 모르겠다.

8. 자기소개서를 마지막으로 검토할 때 지켜야 할 원칙

① 일정 기간 동안 자기소개서에서 떨어져 있기

지금까지 자기소개서를 몇 주 혹은 몇 달간 작성해 왔다면 학생이 자신의 자기소개서를 보는 눈과 사고가 어느 정도 고정되어 있을 수 있다. 그러므로 이런 상태에서는 자신의 자기소개서의 개선점을 찾아내거나 독창적인 새로운 내용을 추가하기가 어려울 것이다. 그러므로 마지막으로 제출하기 전에 최소한 하루 혹은 2~3일간은 아예 자소서를 떠나 있는 것이 좋다. 그리고 나서 자신의 자기소개서를 다시 검토한다면, 지금껏 보아 왔던 느낌과는 다른 느낌을 가지고 검토할 수 있을 것이다.

② 반드시 종이로 프린트해서 확인하자

자기소개서는 워드프로세스 프로그램을 통해 작성한 다음 인터넷을 통해 파일을 보낸다. 하지만 작성 과정에서는 될 수 있으면 필기구를 가지고 종이에 적으면서 작성해 보고, 마무리 검토할 때에도 반드시 종이로 인쇄하여 검토하여야 한다. 작성할 때 컴퓨터를 통해 워드프로세스로 작성하는 것은 기계와 나와의 대화가 된다. 그런데 직접 필기구를 가지고 종이에 서술해 보면 자신과 자신의 대화가 되기 때문에 훨씬 더 깊이 있게 생각이 정리됨을 느낄 것이다. 물론 어떤 방식으로 작성할 것인가는 학생 자신의 판단에 전적으로 맡겨져 있지만, 반드시 필기구로 종이에 서술해 보기를 간청해 본다.

　마무리 검토할 때는 워드프로세스로 검토할지 혹은 종이로 프린
트해서 검토할지는 더 이상 선택의 문제가 아니다. 반드시 프린트
해서 필기구로 일일이 자신의 글을 따라가면서 검토해야 작은 오
류도 방지할 수 있다. 그런 다음 수정하거나 추가할 내용을 워드
프로세스에 반영해야 한다.

실전
사례

　제2장은 실제 학생들이 작성한 사례를 통해 자기소개서를 작성하는 형식을 익히도록 구성하였다. 앞에서 몇 차례 설명한 바와 같이 자기소개서는 4개의 문항으로 구성되어 있고, 그중 3개의 문항은 모든 대학교가 동일하게 작성할 것을 요구하고 있는 문항이고 4번 문항은 학교별로 독자적으로 답변을 요구하는 문항이다.

　앞에서도 서술한 바와 같이 대체로 학생들은 자기소개서를 작성할 때 1번, 2번, 3번을 먼저 작성하는 경향이 많다. 그리고 이들 문항에 대한 답변을 순서와 상관없이 자신이 쉽게 서술할 수 있는 부분부터 서술하기 시작한다. 그리고 최대한 많은 업적들 - 활동들 - 을 서술해 보려고 노력한다. 그리고 마지막으로 약간은 여유롭고 편한 마음으로 4번을 작성하는 순서를 밟는다.

　만약 이 책을 보는 학생이 앞에 서술한 것처럼 적고 있다면 스스로에게 질문해 보기를 권한다. 1~4번까지 아마 많은 활동들이 기록되어 있겠지만 그 내용들을 포괄하는 학생 자신의 정체성과 학문에 대한 통일성이 나타나 있는가? 만약 1~4번까지의 각각의 내용들이, 학생 자신이 왜 그 대학교의 그 학과에 갈 수밖에 없고, 입학사정관이 왜 그 학생을 선발할 수밖에 없는가를 알 수 있도록 충분히 자신의 정체성과 지성에 대한 일관성을 보이도록 서술하고 있는가?

만약 이에 대하여 '그렇다'라고 답변할 수 있다면 그 자기소개서는 좋은 글이다. 하지만 각각의 문항에서 활동들이 기록되어 있겠지만 그 활동들이 전체로서 하나의 인간을 드러내지 못한다면 좋은 등급을 받기는 어렵다. 안타깝지만 자신이 한 많은 활동들은 지엽적이고 순간의 충동에 의한 활동이며, 남에게 과시하기 위한 활동이라고 평가될 수 있다.

그러면 자기소개서가 전체가 체계적으로 구성되어 수험생의 정체성을 드러내기 위해서는 어떤 방식으로 서술하는 것이 바람직한가? 이 책에서 권하는 방식은 자기소개서를 작성할 때 4번 문항에 대한 답변을 가장 먼저 서술해야만 한다는 것이다. 4번 문항은 학교마다 질문이 다르다. 하지만 근본적인 내용으로 들어가 보면 결국은 비슷한 내용을 묻는다. 예를 들면 아래와 같다.

• 해당 모집단위 지원 동기를 포함하여 고려대학교가 지원자를 선발해야 하는 이유를 기술해 주시기 바랍니다. (고려대, 1000자)
• 해당 모집단위에 지원하게 된 동기와 이를 준비하기 위해 노력한 과정이나 지원자의 교육환경 − 가정, 학교, 지역 등 − 이 성장에 미친 영향 등을 경험을 바탕으로 구체적으로 기술하시오. (연세대, 1500자 이내)

그러므로 결국 4번 문항이 학교마다 표현이 다르다고 하더라도 결국 '성장 과정을 통해 자신의 지적 인성적 정체성을 드러내고 장래에 어떻게 공부할 것인가'에 대한 질문이라고 할 수 있다.

그런데 서울대의 4번 문항은 이러한 내용을 요구하지 않는다. 서울대의 4번 문항은 자신이 읽은 책 4권을 서술하는 문항이다. 그러므로 이 책에서 언급하고 있는 '4번 문항'은 서울대 지원자에게는 적절하지 않은 것인가라고 생각할 수 있다. 하지만 그렇지 않다. 이 책의 앞부분에서도 언급하였고, 아래에서도 설명하는 바와 같이 서울대에서는 '일반 학교가 묻는 4번 항목은 묻지 않는다고 하더라도, 반드시 이러한 타 대학의 4번 문항에서 묻는 내용을 정리해 보아야 한다.

아마 서울대에 지원하는 학생들은 시간과 마음의 여유가 없는 상황에서 필요 없는 내용을 서술해 본다는 것이 썩 마음이 내키지 않을 것이다. 하지만 1~4번 문항의 답변이 (서울대에서는 4번 '책'에 대한 내용까지) 학생의 정체성이나 지적 호기심을 드러내는 내용으로 체계적으로 서술되려면 다른 학교가 요구하는 것처럼 '성장 과정을 통해 자신의 지적 인성적 정체성을 드러내고 장래에 어떻게 공부할 것인가'에 대한 내용을 먼저 정리해 볼 필요가 있다.

그러면 서울대를 포함하여 모든 자기소개서에 왜 이 같은 내용에 대한 답변을 먼저 서술해 보아야 하는가? 그것은 이에 대한 답변을 먼저 서술하여 자신의 작은 인생의 그림자를 먼저 만들어 두어야 그 안에서 학습의 경험이(1번 문항) 자신의 정체성과 어울려 서술될 수 있고, 학교생활에서 의미 있게 경험한 내용들과 봉사 활동 등이(2~3번) 체계를 가질 수 있기 때문이다.

이러한 이유에서 아래에 자기소개서 실전 편에서는 학생들이 서술한 4번 문항에 대한 내용을 먼저 검토하고, 그것을 통해 1~3번 내용을 검토하는 것으로 구성하였다. 아래에 설명할 사례들은 오로지 문과 학생들을 위해서 서술하려는 의도는 전혀 아니었지만 이 책에서 자기소개서를 설명하기 위하여 사례를 선별하는 과정에서 우연히 문과 학생들의 표본이 선택되었다. 이과 학생들도 기본 원리는 같기 때문에 이질감을 전혀 가지지 않아도 되리라 본다.

　그리고 언급될 자기소개서의 사례들은 초안의 수준을 넘어선 사례들이다. 어느 정도 검토를 마치고 학교에 제출하기 직전에 마무리하는 정도의 작성 수준임을 알아 두어야 한다. 처음 자기소개서를 작성하는 학생들은 아래의 사례들을 읽었을 때 자신보다 월등한 정도의 수준라고 느낄 수 있고 그래서 미리 자신감을 잃어버리는 경우가 생길 수 있다. 하지만 다음의 사례들은 몇 주 동안 고민에 고민을 거듭한 결과물이라는 것을 알아주었으면 한다.

　또한 제시된 사례들은 글자 수가 제한된 범위를 벗어나 작성된 경우가 있다. 자기소개서를 작성할 때 미리 제한된 글자 수 내에서 작성하게 되면 제대로 된 자기소개서가 작성되지 않을 것이다. 자신이 자신을 드러내기 위하여 글자 수에 신경 쓰지 말고 마음껏 작성한 다음 전체적인 내용을 고려하여 첨삭에 들어가면 된다. 여기서도 글자 수에 너무 신경 쓰지 말고 읽어 보기를 권장한다.

1
국제정치(정치외교)에 지원한
학생의 자기소개서

① 4번 항목

가. 사례

　나의 할아버지는 어려운 상황을 여러 번 이겨 내면서 자신의 삶을 이루셨다. 할아버지는 베트남 전쟁에 참여한다는 중요한 결정을 했고, 그곳에서 그 시대의 다른 젊은이들처럼 국가와 사회라는 어떤 이상을 위하여 노력했고 또한 그곳에서 근 일 년간 근무하면서 살아나오기 위하여 노력하였다. 할아버지는 그곳에서 '적'이라는 존재와 맞서 싸워야 하는 동시에 전쟁을 반대하는 사람들의 주장에 대해 고민을 하지 않을 수 없는 처지에 놓이기도 했다. 할아버지는 베트남의 수많은 지명들과 고생했던 일들 그리고 한국에 돌아와서의 삶에 대해 자주 이야기했다. 할아버지는 전쟁 중에 만난 미군들에 대해 이야기하면서 비록 소속 국가가 다르고 또 참전한 이유도 모두 다르지만 같은 동료로서 공감하는 많은 것들이 있었다고 한다. 할아버지는 그 기회에 영어에 대해 관심을 가지게 되었고 결국 외국어에 능통하게 되었다. 그 이유는 직접 겪은 국제 사회의 변화와 발전에 능동적으로 따라가기 위해서라고 말씀하셨다. 내가 비록 어릴 때 일이었지만 할아버지의 말씀이 때때로 기억난다. 나의 부모님들도 할아버지의 일들에 대해 충분히 공감을 하시며 내가 할아버지로부터 참전에 대한 이야기들을 듣는 것에 대해 자연스러운 일처럼 받아들이셨다.

나는 가족의 이러한 분위기 속에서 성장해 가면서 베트남이나 전쟁에 대해서 늘 생각하는 학생이었고, 국제 분쟁이나 국제적인 사건들에 대해 늘 관심을 가지고 알아보려고 했다. 고등학교 2학년 여름방학 때 우리 가족은 베트남을 여행할 기회가 있었다. 우리는 이 기회에 할아버지가 말씀하신 지역들을 돌아볼 계획이었다. 할아버지 말씀에 완전히 벌거숭이가 되었다던 푸캇산은 밀림으로 우거져 있었으며 빈호아 강 주변의 평야지역은 더 이상 평야만 있는 곳이 아니었고 개발이 이루어지고 있었다. 베트남은 자기 민족에 대한 자긍심이 아주 강하다는 말을 들었지만 우리를 대하는 베트남 사람들은 친근하고 순수했다. 얼마 전까지 베트남은 우리나라와 수교도 하지 않았던 나라라는 말을 들었는데 많은 것이 변화되었다고 아버지께서 말씀해 주셨다. 나는 베트남의 이러한 변화가 국제 사회에서 냉전이 무너지고 난 다음에 일어났다는 것을 알고 한 나라나 한 개인의 삶이 국제 환경의 변화에 따라 이렇게 급격하게 변화될 수 있다는 것에 큰 호기심을 가지게 되었다.

그 이후로 나는 국제 정치에 관심을 가지고 국제 정치에 관련된 사건을 조사하고 토론하는 동아리를 만들어 활동하였다. 반기문 국제연합 사무총장의 권한에 대해서도 조사하고 국제 사회의 분쟁을 해결하는 국제법적 절차에 대해서도 토론하기도 하였다. 또한 국제 사회의 여러 사건들에 대해 강대국들이 어떻게 영향을 미치고 어떻게 개입하는지에 대해서도 조사하고 토론해 보기도 했다. 이러한 과정을 거치면서 국제 정치는 아주 민감하고 감정적으로 접근하거나 성급하게 접근하는 것은 위험한 일이라는 것을 느끼게 되었다. 앞으로 ○○대학교 정치외교학과에 진학하여 국제 정치에 대한 이해와 지식을 넓히고 싶다. 우리나라는 주변에 많은 강대국들이 자기들의 이익을 위하여 경쟁 중이고, 우리나라는 그러한 가운데 어쩌면 힘겨운 시련을 겪을 수도 있는 상황이라고 생각한다. 이러한 상황에서 우리 사회의 안정과 평화를 위해 노력하는 구성원이 되기를 희망한다. 가난한 아프리카에서부터 부유한 북유럽까지, 사막이 광활한 서남아시아에서 밀림이 우거진 남아메리카까지, 대륙이 있는 남극에서 북극곰이 사는 북극까지….

나. 평가

이 글은 전체적으로 좋은 자기소개서라고 할 수 있다. 전체적인 흐름이 자신의 어린 시절을 시점으로 정체성이 형성되어 오는 과정이 잘 서술되어 있고, 그렇게 형성되어 온 정체성이 학문적으로 연결되고 있음을 적절히 나타내고 있다.

우선 첫 번째 문단을 보자. 첫 번째 문단은 학생의 가정환경의 분위기를 적절히 설명하였다. 단순히 가족 환경을 나열하듯이 서술하였다면 그렇고 그런 자기소개서에 지나지 않았을 것이다. 이 문단의 장점은 학생이 현재 혹은 미래에 국제 정치를 위해 역할을 하고 싶어 하는 욕구가 어디서부터 형성되어 온 것인지를 보여 주고 있다는 점이다. 단순히 일회성의 희망이 아님을 나타낸다.

또한 전쟁에 대한 견해들은 주위 사람들에게 거부감을 갖게 할 수도 있는데도 나이 드신 할아버지의 인생과 말씀을 가족들이 관용적으로 수용하고 있는 점을 서술하고 있다. 이러한 점은 학생이 장차 국제 정치를 공부해 나가는 데 필요한, 다른 문화에 대한 관용적 태도를 가지고 있으리라는 것을 입학사정관이 알 수 있게 해 주는 대목이다.

아쉬운 점은 할아버지에 관한 서술의 시작 시점을 '할아버지는 베트남의 수많은 지명들과 고생했던…'에서부터 시작하였다면 좀 더 적절한 글이 되었을 것이다. 글의 시작 시점을 너무 멀리 잡았다고 볼 수 있다. 지금 언급했던 부분에서부터 글이 시작되었다면 글자 수의 제한에서 좀 더 자유롭게 글을 작성할 수 있었을 것이다. 다시 말하면, 자신의 지적 인성적 정체성의 형성과 직접적인 관계가 없는 배경 설명에 대한 서술이 너무 많다.

이제 두 번째 문단을 보자. 첫 번째 문단이 가족관계를 중심으로 서술하였다면 두 번째 문단은 가족의 환경이 학생 자신의 정체성으로 변화되어 가는 과정을 서술하고 있다. 할아버지의 말씀을 듣고 막연하게 이해하고 있던 내용들을 실제 자신의 경험으로 체득해 가는 과정을 서술하고 있다. 그리고 기존에 알아 왔던 베트남에 대한 상상이 현실 세계에서 상당히 변화되었음을 알아채고 그것을 국제 환경의 변화와 연결시키는 능력을 보여 준다. 이를 통해 국제 정치에 관심이 싹트기 시작하고 있음을 보여 준다.

첫 번째 문단과 두 번째 문단을 볼 때, 첫 번째 문단의 분량이 문제가 될 수 있다. 위의 자기소개서는 1600자 전후의 분량을 가지고 있는데, 첫 번째 문단의 서두 부분을 어느 정도 줄일 수 있다면 분량적인 면에서 조정이 가능할 것이다.(이 학교에서 요구하는 글자 수는 1500자이다.)

세 번째 문단은 자신의 꿈을 단순히 관념적으로만 보유하고 있는 것이 아니라 교내 활동을 통해 여러 가지 지적 호기심을 충족시키고 있음을 보여 준다. '국제 정치는 아주 민감하고 감정적으로 접근하거나 성급하게 접근하는 것은 위험한 일이다'는 문장은 자신의 활동을 통해 가진 느낌을 잘 표현하고 있다. 이 문구는 입학사정관에게 이 학생이 해당 학과에 진학할 경우 보다 세밀하고 정확하게 공부할 것이라는 것을 이해하게 해 준다. 하지만 세 번째 문단에는 약간의 단점이 보인다. 앞의 문구처럼 느끼게 된 구체적인 사례가 보이지 않는다는 점이다. 유엔사무총장의 권한과 역할을 이해하고 국제사건의 여러 사건들을 조사하고, 강대국들의 이해관계를 안다고 해서 '민간하고 감정적으로 성급하게 접근해서는 안 된다.'라는 느낌을 가졌다고 하기에는 부족한 점이 있다. 느낌을 갖는 데 필요한 직접적인 활동을 서술하는 것이 보다 바람직하지 않을까 생각한다. 자신이 활동한 제목만을 나열하는 것이 아니라, 하나의 사건을 좀 더 구체적으로 서술하여 자신의 느낌이 어디서 나왔는지 알 수 있도록 서술하였다면 더 좋은 글이 되었을 것이다.

또한 세 번째 문단은 자신의 활동을 바탕으로 어떤 방식으로 공부할 것인지 구체적으로 서술하고 있다. 자신의 진로와 공부 방향에 대해 잘 서술하였다고 보인다. 하지만 마지막 문장은 적절하지 않다. '가난한 아프리카에서 … 북극까지'의 내용은 자신의 성장 과정, 정체성의 형성, 진로와는 아무런 관련이 없다. 이 자기소개서의 마지막 문장처럼 글의 마지막에 아무런 논리적 의미 없이 막연히 덧붙이는 글이 생각 외로 많다. 이러한 글은 전체 글의 체계를 무너뜨리고 글의 무게를 약하게 만든다. 항상 주의하여야 한다.

전체적으로 아주 좋은 글에 속한다. 평가에서 서술된 문제점들을 수정한다면 어떤 대학이라도 충분히 합격할 만한 글이 될 것이다.

② 1번 항목

자기소개서 4번을 읽어 보고 이 학생이 어떤 분야에 대해 관심 있게 공부를 했을지 생각해 보자. 아마 영어나 또 다른 외국어를 공부했을 것이다. 혹은 세계지리나 세계사에 대해 관심이 있을 수도 있다. 아니면 국제 정치나 국제법과 관련되는 어떤 분야에 관심이 있었을 수도 있다.

이제 이 학생이 자기소개서 1번에서 서술한 학습 경험에 관한 자기소개서의 사례를 살펴보도록 한다. 보통 자기소개서 1번은 1000자를 요구하고 있다. 그래서 대부분의 학생들은 1번 문항에

2개의 내용을 서술하곤 한다. 하지만 여기서는 한 개의 내용만을 사례로 서술한다. 하지만 이 책을 읽는 학생들은 하나의 사례만으로도 1번 문항에 서술하는 방법을 충분히 이해할 수 있을 것이다.

가. 사례

할아버지는 영어를 꽤 잘하셨다. 그렇지만 내가 고등학교에서 배운 것만큼 문법을 잘 알거나 발음이 세련된 것 같지는 않았다. 그런데 고등학교에서 배운 대로 문법이나 문자에 대한 해석은 내가 더 잘하지만 외국인과 대화는 할아버지가 훨씬 잘하신다. 이것은 뭔가 모순임에 틀림이 없었다. 어떻게 하면 둘 모두를 잘할 수 있을까 나는 늘 고민이었다.

내가 국제 정치에 관심을 가지면서 영어로 된 국제 인권 선언이나 독도 관련 조항들을 찾아볼 기회가 있었다. 이러한 조문을 해석할 때 상당히 민감한 부분들을 발견할 수 있었다. 'may'나 'shall', 'must'나 'should' 등의 조동사는 고등학교에서 학습할 때 '가능'이니, '의무'니 하는 용어로 외웠는데 그냥 그렇게 해석할 뿐 실제 이 용어들이 어떻게 중요하게 차이가 나는지 생각하지 못했다. 그런데 'must'나 'should'의 용어로 표현된 조항은 위반할 경우 책임을 져야 하지만, 'may'로 표현되는 조항은 국가마다 그 행위를 할 수도 있고 안 할 수도 있는 선택권이 있는 표현이라는 것을 알게 되었다.

이외에도 영어의 용어가 전문적인 부분에서 정확한 해석이 무엇보다도 중요하다는 것을 이해하게 되었다. 이러한 생각을 바탕으로 나는 영어를 문자적으로 보다 정확하고 다양하게 표현하는 공부가 먼저라고 생각하게 되었다. 의사소통을 위하여 말하는 영어 공부도 아주 중요한 부분이지만, 그것은 대학에 진학하여 생각하기로 했다.

나. 평가

위의 자기소개서는 꽤 괜찮은 내용으로 구성되었다. 우선 4번에서 서술한 큰 주제의 흐름과 적절히 일치하고 있어서 조화를 이루고 있다. 자기소개서에서는 부정적인 내용은 될 수 있으면 서술하지 말 것을 권하고는 한다. 하지만 이때 부정적이라는 의미는 감정적이고 지속적인 것을 의미한다. 인간은 어떤 상황에서 모든 것을 다 잘할 수는 없다. 모든 것을 잘하리라고 주장하는 것은 입학사정관에게 솔직하지 못한 학생이거나 가식적인 학생 혹은 거만한 학생으로 비춰질 수 있다. 자신의 한계를 솔직하게 시인하고 대안을 제시하는 것은 인간성에 대한 진솔한 이해와 믿음을 표현하는 것이기도 하다.

위의 자기소개서에서는 자신이 처해 있는 학습적 한계를 정확히 이해하고 스스로 대안을 마련하고 있다. 그리고 그 대안을 마련하는 데 합리적인 이유도 제시하고 있어서 충분히 긍정적으로 평가할 만하다. 또한 자신이 영어 학습의 방향을 설정하는 과정에서 막연하게 서술하는 것이 아니라 구체적으로 사례를 들어서 설명하고 있다. 'may'와 'should'를 대비시켜 서술함으로써 입학사정관으로 하여금 현실적이고 생생한 느낌을 가질 수 있게 하고 있다. 전체적으로 잘 서술된 글이라고 볼 수 있다.

③ 2번 항목

이 책을 읽는 여러분들은 자기소개서 4번과 같은 가치관을 가진 학생이라면 어떤 활동을 하리라 예상하는가? 이 학생의 경우 어떤 활동을 하리라 예상하는 것보다 '어떻게 활동할 것이라고 예상하는가?'라고 묻는 것이 더 적절한 질문이다. 왜냐하면 '제시문 4'에서 이미 어떤 활동을 하리라 예상되기 때문이다. 다시 말하면, 국제 정치 혹은 국제적인 문제와 관련된 활동을 할 것이라고 충분히 예상할 수 있다. 다만 그러한 활동을 어떻게 어떤 방법으로 할 것인가가 바로 관심이 가는 부분이다.

가. 사례

고등학교 2학년 때 나는 '국제외교사절단(IMD)'라는 동아리를 만들어 활동했다. 이 동아리는 이슈화된 국제 문제를 막연히 조사하는 동아리가 아니었다. 나는 국제사회의 문제들이 구체적으로 어떻게 결정되는지를 알고 싶었다. ①그래서 국제기구의 운영진이 어떻게 선출되는지 선출 과정을 알아보고 그 사람들이 어떤 의사결정 과정을 거쳐 최종적으로 국제 사회의 문제들이 해결되는지를 알아보는 동아리를 만들었다. 주로 국제연합과 EU, 그리고 국제 사회에서 경제 문제를 해결하는 IMF를 중심으로 알아보았다. ②우리는 국제기구를 담당하는 팀과 우리나라의 외교 사절이 되어서 각 기구들에서 우리나라의 권익을 위하여 활동하는 팀으로 나누어서 국제기구의 입장과 우리나라의 입장에 대한 의견을 상호 교환하면서 우리나라의 이익을 위하여 어떤 주장을 하고 우리의 이익을 추구하려면 어떤 부분에서 이익을 양보하여야 하는가를 조사하고 토론하였다. ③이러한 활동은 국제 사회에서 우리 나라만의 이익이라는 것은 존재하지 않는다는 것을 이해하게 되는 계기가 되었다. 한 나라의 이익을 추구하려면 반드시 대응되는 이익을 국제 사회에 제공하여야 한다는 것을 이해는 하였지만, 그러한 부분에서 희생을 감수해야 하는 국내의 구성원들에게 어떻게 설득해야 하는가의 국내 문제는 해결하기 어려운 부분이었다.

블로그를 만들어 이러한 활동들을 기록하고, 정기적으로 학교 학생들에게 홍보하여 질문을 올리게 하였다. 그중에서 '전통적으로 서양은 강력한 세력을 형성하여 약소국을 대상으로 경제적·군사적 이익을 추구해 왔는데, 비록 지금은 그렇게 친밀하지는 않지만 전통적으로 함께 역사를 꾸려 왔던 중국과 더 긴밀하여야 하는가 아니면 지금처럼 미국 중심의 외교 정책을 계속 시행하여야 하는가?'라는 질문이 있었다. ④어떻게 변명하고 피상적으로 대답할 수는 있었다고 하더라도 지금껏 내내 내 머릿속에서 해결이 되지 않는 질문이었다. 앞으로 국내·국제 정치 문제를 해결하기 위하여 더 많은 이론들을 공부할 필요성을 절실히 느끼게 한 활동이었다.

나. 평가

위 자기소개서는 비교적 무난하다. 비교적 무난하다는 것은 평균적인 점수는 가능하지만 좀 더 고득점을 받기는 어려운 글임을 의미한다. 학생의 활동 그 자체 즉 글의 소재는 잘 선택하였고, 앞에서 언급한 4번에서 보이는 자신의 정체성과 지적 일관성도 잘 갖추고 있다. 하지만 자기소개서 2번 글 자체의 문제점이 어느 정도 드러나 보인다. 그렇기 때문에 이러한 부분을 수정하면 아주 좋은 글로 탈바꿈할 수 있다. 위 자기소개서의 글자 수는 1000자 정도 된다. 질문 문항이 요구하는 글자 수가 1500자인데 위 글은 1000자 정도 되는 분량이다. 보통 2번 질문에 대해 학생들은 2~3개 정도를 서술하지만, 글이 적절하다면 하나의 활동만을 서술해도 전혀 문제가 되지 않는다.

위의 글은 하나의 글로 구성되어 있는 듯 보이지만 사실은 두 가지 내용이 섞여 있어서 이 부분이 정리되어야 한다. ②의 내용까지는 국제기구 의사결정 담당자들이 어떻게 구성되고 의사결정 과정이 어떤 방식으로 이루어지는지를 알아보는 것으로 내용이 서술되어 있다. 그리고 이 부분을 알아보기 위하여 팀을 나누어 국제기구의 담당자가 되어 보기도 하고 어느 한 나라의 입장을 대변하는 역할을 담당해 보기도 하는 것으로 서술되어 있다.

그렇다면 ③이하에서는 국제 정치의 의사결정이 국내 정치에 어떤 문제를 발생시키는가를 서술할 것이 아니라, 국제기구의 구성 과정에서 알 수 있는 특징과 한계에 대한 내용이 서술되고 그렇게 구성된 국제기구에서 우리나라의 권익을 위해서 어떤 방식이 적절할 것 같다는 내용이 서술되어야 글의 흐름이 무난할 것으로 보인다. 만약 이렇게 글을 구성하려고 한다면, 그 앞의 부분에서 소개한 국제기구 중 어느 하나의 국제기구에 한정해서 자기소개서를 작성한다면 아주 좋은 자기소개서가 되었을 것이다.

그렇다면 ③ 이하에 서술된 내용들은 이 학생의 자기소개서에서 어떤 의미로 부활시키면 제대로 된 기능을 하도록 할 수 있을까? 앞에서도 언급하였듯이 ③ 이하에서는 ②까지의 내용과는 완전히 다른 측면을 서술하고 있다. 국제기구의 구성과 국제기구에서 어떻게 자국의 이익을 실현시킬 수 있는가에 대한 내용이 아니라, 국제 정치 과정에서 의사결정을 할 경우 국내에서 다양한 분야 간에 이익의 충돌이 생길 수 있고, 그러한 갈등 관계를 어떻게 해결하여야 하는가에 대한 내용이다.

이 부분의 내용은 어쩌면 국내 정치 문제일 수 있어서 학생이 처음에 언급했던 국제기구와 관련된 활동을 알아보기 위하여 구성한 동아리 활동과는 거리가 있어 보인다(물론 실제 국제정치와 국내정치는 밀접한 관련이 있다고 하더라도 적어도 이 학생이 서술한 이 부분의 글에 한정하여 검토하면 그렇다는 말이다).

만약 이 글을 서술한 학생이 '③'의 내용이 자신의 정체성에 비추어 더 가치 있어 보이고 꼭 서술하고 싶다면 2번 글의 구성 방향 자체를 변경하여야 한다. ①과 ②에서 국제기구의 구성 등에 대한 내용은 간략하게만 언급하고 표현의 방향을 '국제 정치 과정에서 나타나는 국내 정치 문제의 해결'에 대한 활동으로 전개하여야 한다.

필자가 볼 때, 이 학생의 전체적인 정체성이나 지적 호기심과 더 적절하게 연결되는 부분은 ①, ②번이다. 그러므로 ①, ②의 내용을 살려 가는 방향으로 수정하는 것이 더 바람직할 것 같다.

또한 현재의 글이 1000자 정도이므로 500자의 여유가 있다. 그러므로 ③ 이하는 따로 글을 구성하는 방법이 적절해 보인다.

마지막으로, 이 학생의 2번 글에서 검토해야 할 부분이 있다. 이 학생은 마지막 문장을 개방형으로 서술하고 있다. 개방형이란 '어떤 학생의 활동을 통해 완벽하게 어떤 것을 이해하였다.' 형태로 서술하는 방식이 아니라 '어떤 부분은 더욱 관심을 가지고 공부하고 싶다.' 형식으로 표현하는 것을 말한다. 다시 말하면 '어떤 부분을 이해했지만, 어떤 부분은 보다 더 많은 공부가 필요할 것 같다'와 같은 형식의 표현이다. 즉, 어떤 부분을 앞으로의 과제로 미루어 두는 표현 방식이다. 이러한 방식은 글 전체의 분위기나 흐름에 따라 좋은 기능을 할 수도 있고 그렇지 않을 수도 있다.

지금 위에 제시한 제시문의 경우, 자신이 고등학교 활동을 통해 이해할 수 있었던 부분과 앞으로의 과제로 남겨 둔 부분이 적절하게 잘 서술되어 있다. 그러므로 입학사정관으로 하여금 '학생이 지적으로 부족하다고 생각하는 것이 아니라 이 학생이 앞으로 대학교 해당 학과에 진학할 경우 어떤 부분을 어떻게 공부해 나갈 것이다'라는 전망을 가능하게 해 주는 표현이다. 이러한 표현은 적절하다고 할 수 있다.

④ 서울대에 지원하는 학생을 위한 보완 설명

이 책을 읽은 학생이 서울대를 지원한다면, 이제 4번을 작성해야 할 것이다. 처음에 언급하였듯이 서울대는 다른 대부분의 학교와 달리 읽은 책 4권에 대한 내용을 서술하라는 것이 자기소개서 4번의 요구 사항이다. 하지만 몇 번 언급하였듯이 서울대를 학생부 종합의 방식으로 진학을 희망하는 학생도 다른 학교의 4번 요구 사항에 해당하는 내용을 먼저 서술한 다음 – 그것을 직접 학교에 제출하지는 않지만 – 자기소개서를 작성하여야 전체적인 체계를 일관성 있게 구성할 수 있다.

자, 그렇다면 이제 서울대만의 요구 사항인 책 4권에 대한 내용을 살펴보자. 여러분들이 이 사례를 충실히 읽으면서 따라왔다면 위 사례를 서술한 학생은 어떤 책을 읽었으리라 생각되는가? 아마도 여러분들은 이 학생이 경험한 인생의 흐름이나 정체성의 형성 과정을 볼 때, 세계의 문화와 관련된 책을 읽었을 수도 있고, 세계사에 관련된 책을 읽으면서 역사적으로 갈등 해결 과정이 어떻게 이루어져왔는가에 대한 책을 읽었을 수도 있다고 생각할 것이다. 또한 외국어로 된 원문을 통해 국제 인권 규약이라든가 국제조직의 규약 등을 읽었을 수도 있고, 외교사에 관련된 책을 읽었을 수도 있다고 생각할 것이다. 혹은 세계 정치는 기본적으로 인간을 대상으로 한다는 점에서 인간의 본질에 관한 철학 혹은 사회학 책을 읽었을 수도 있을 것이다. 지금 사례의 학생은 바로 앞의 책들을 읽었으리라 우리가 기대하거나 예상하듯이 입학사정관도 역시 이러한 내용의 책들을 읽지 않았을까 기대할 것이다. 그러므로 서울대를 지원하는 학생도 이 책을 충실히 이해하였다면 4번 '자신이 읽은 책 4권'에 대해 서술하기란 그렇게 어렵지 않으리라 생각한다.

2
국어국문학과(혹은 언어 관련 학과)에 지원한 학생의 자기소개서

① 4번 항목

가. 사례

나는 여행 다니기를 좋아한다. 대단하고 특별한 외국의 어느 곳을 다녀 본 적은 적지만, 우리나라 안에서 각 지방의 어느 한적한 곳은 많이 다녀 보았다. 이러한 곳을 다닐 때마다 특별한 느낌을 주는 것이 그 지역의 말투다. 어떤 지역은 '…니껴?'라는 말로 끝낸다. 어떤 지역은 '긍게'라는 말을 긍정의 의미로 사용하기도 한다. 또한 특별한 용어는 사용하지 않더라도 상하·고저를 바탕으로 언어의 흐름이 다양해서 같은 말이더라도 들을 때마다 느낌이 서로 다르다는 것을 알 수 있었다. 충청도 어느 지역에 친척이 살고 있는데 여기서 일주일간 머문 적이 있었다. 그 지역의 대학 도서관에 자료를 찾으러 가는 길에 버스를 탔다. 나는 버스의 맨 뒤에 가로로 나열된 의자의 한가운데에 앉게 되었는데,

버스에는 좌우로 간간히 사람들이 앉아 있어서 그렇게 복잡하지 않은 상태였다. 도착할 때 즈음에 나는 옆에 앉은 아주머니에게 'ㅇㅇ대학에 가려고 하는데 다 와 가나요?'라고 표준어로 물었다. 그런데 그 말을 하는 순간 버스 앞부분의 좌우에 앉아 있던 사람들이 일제히 고개를 돌려 나를 보고 있는 것을 알았다. 좀 이상하고 독특한 경험이었다.

나는 지금까지 다양한 언어적 경험을 하면서 언어가 인간의 사고와 생활에 어떠한 영향을 주는지 혹은 어떤 영향을 받는지 관심을 갖기 시작했다. 그런데 의외로 고등학교 국어 수업은 내게 강한 거부감으로 다가왔다. 내가 경험한 언어는 다양한 쓰임새가 있고 동일한 단어라도 다양한 의미로 사용되고 있었다. 그런데 고등학교 국어 수업은 단 하나의 해석으로 단 하나의 답만을 요구하고 있는 것으로 보여서 열려 있는 언어에 대한 나의 호기심을 닫히게 하고 답답하게 만드는 것 같았다. 그래서 나는 출판되어 나온 언어와 관련된 책들을 - 언어와 문화, 언어와 사회에 대한 책들 - 읽기 시작하였고 나름대로 언어에 대한 이해를 할 수 있었다. 그런데 이렇게 이해를 하고 나서야 국어 시간에 왜 그렇게 해석하고 왜 그렇게 답을 해야만 하는지도 알 것 같았다. 단어나 말 그 자체는 다양한 상황에서 다양하게 이해될 수 있지만, 그러한 다양한 것들을 큰 체계 속에서 원리를 만들어 가는 기본적인 과정이 국어 수업이라고 이해할 수 있게 되었던 것이다.

나는 앞으로도 언어에 대한 공부를 계속하고 싶다. 내가 앞으로 순수 언어학자가 될지, 아니면 언어를 가지고 인간의 삶과 고통 그리고 행복을 그려 가는 작가가 될지, 아니면 정보를 전달하는 기자가 될지 정해

진 것은 없다 하지만, 국어국문학과에 진학하여 우리 언어의 원리와 우리나라 사람들의 삶의 방식에 대해 공부해 보고 싶다.

나. 평가

위의 자기소개서는 상당히 잘 서술된 글이다. 이 자기소개서는 1000자의 제한을 받고 있는 글이다. 비록 1000보다 몇 글자 더 많게 서술되어 있지만 충분히 조절 가능한 범위 내에서 서술되고 있다.

첫 번째 문단에서는 자신이 성장하면서 언어에 대해 경험했던 특별한 사례들을 정리하고 있다. 마지막 문장은 약간은 낭만적으로 서술되어 있다. 하지만 언어의 차이에 따라 사람들의 반응이 어떻게 다르게 나타나고, 분위기가 다른 언어가 인간에게 어떻게 다른 느낌을 가지게 하는지 알 수 있게 서술되었으며 학생 자신이 그러한 경험을 통해 얼마나 깊이 언어에 대해 충격을 받고 있는지 잘 표현되어 있다.

두 번째 문단에서는 자신이 언어에 대해 경험하고 공부해 오면서 이해했던 언어에 대한 관점과 제도적인 학교 교육 사이에서 발생하는 갈등을 서술하고 있다. 단순히 갈등만을 서술하였다면 제도에 대한 불만을 가진 학생 중에 한 명이 되었을 것이다. 하지만 스스로 자신의 갈등을 해결해 가는 과정이 적절하게 서술된 점이 좋은 점이다. 여러 가지 책을 읽으면서 드디어 국어의 교육 방법을 이해하게 되었다고 표현하는 것은 입학사정관 입장에서 볼 때 '이 학생은 항상 자신이 가진 언어에 대한 관점과 국어 수업 방식

사이의 차이에 대해 고민하고 있는 사람이다. 그리고 자신의 학문적 갈등 문제를 스스로 해결할 열정과 실천력이 있는 학생이다.'라고 생각할 수 있는 표현이다. 짧은 문단이지만 자신의 경험, 갈등, 해결 과정이 합리적으로 서술되고 정리되었다. 그리고 첫 번째 문단에서 자신의 막연한 경험이 학문적으로 구체화되는 과정을 서술하고 있다는 점도 의미가 있다.

세 번째 문단도 잘 서술되어 있다. 대체로 자기소개서를 서술하는 학생이나 지도하는 사람들은, 학생이 명확한 진로와 일관된 가치관을 가져야 한다고 하면서 지금처럼 서술하는 방식을 별로 좋아하지 않을 수도 있다. 언어학자가 될지 혹은 작가가 될지 혹은 기자가 될지 결정하고 있지 않다는 점에 불만을 가질 수도 있다. 하지만 그들이 어떻게 생각하든 상관없이 이 글은 문제없는 좋은 글이다. 지금 서술한 방식은 별 생각 없이 보면 학생이 명확하게 진로의 설정이 되어 있지 않은 듯 보이지만 사실은 그렇지 않다. 이 학생은 언어에 대한 지식욕으로 가득 차 있다. 이것이 바로 이 학생의 지적 일관성이다. 그러므로 구체적인 진로의 결정은 부수적인 요소에 불과하다. 다만 첫 번째 문단에서 가족관계에 대한 언급이 없다는 점이 조금은 아쉽다. 실제 이 학생은 처음에 가족과 함께 여행을 많이 다니다가 나중에야 혼자 여행을 가고는 했다. 그러므로 가족들과 함께 여행을 다니면서 가족과의 유대감을 함께 서술하였다면 입학사정관이 학생의 인성을 이해하는 데 조금 더 적절한 글이 되었으리라 생각한다.

② 1번 항목

가. 사례

　나는 어릴 때부터 국내 각 지역을 여행하면서 다양한 언어-사투리-를 접하고 각 지역 사람들이 사용하는 언어 표현의 차이, 어감의 차이, 고조나 운율의 차이에 대해 관심을 가지고 그 원리를 알고 싶어 했다. '다람쥐'를 강원도에서는 '다람주'라고 말하는데 전혀 다른 느낌을 준다. 이처럼 단 한 글자나 발음의 고저만 달리해도 전혀 다른 느낌과 의미를 갖게 하는 언어의 힘은 너무나 많은 느낌을 전달하게 할 수 있다고 느꼈다. 하지만 시에서 시어를 해석할 때는 시에서 사용된 작가의 언어가 사투리로 되어 있는 경우에 혹은 일반적인 단어를 약간 다르게 표현한 경우 얼마나 많은 해석이 가능한가를 생각해 왔던 나는 국어 시간에 단 하나의 답을 선택하는 것이 너무나 힘든 일이었다. 나는 언어를 내 방식대로 이해하는 것이 더 적절하다고 생각하고 있었기 때문에 학교 수업과의 갈등은 계속되었고, 국어 시험에서 고득점을 맞는 것은 어려운 일로 보였다.

　①이러한 내면의 갈등을 해결해야 하겠다고 의도적으로 읽은 것은 아니지만 에드워드 홀의 『침묵의 언어(The Silent Language)』를 읽을 기회가 있었다. 이 책은 내 생각이 적절하다는 것을 나타내고 있어서 애착 있게 읽었다. 그런데 이 책은 오히려 내가 국어 과목에 흥미를 다시 찾게 하고 고득점을 얻을 수 있도록 도움을 준 책이 되었다. 이 책은 언어의 다양한 쓰임새를 아주 많은 사례들로 소개하지만, 그 속에서 어떤

원리와 원칙을 찾으려는 시도를 끊임없이 하고 있었다. 이를 통해 언어를 개인의 취향과 느낌으로만 이해할 것이 아니라 그 부분에 내재하는 원리나 원칙이 무수히 많고 그런 것들을 연구하고 알아내는 것이 보다 중요한 것임을 알게 되었다. 이것은 국어 과목이 우리에게 언어의 다양한 느낌뿐만 아니라 그 구조와 원리를 알게 해 주는 과목임을 이해하도록 했다. 나는 이제 국어 과목의 내용을 내면으로 받아들일 자세가 되었고, 시간을 투자하면 고득점을 얻을 수 있는 상태가 되었다.

나. 평가

자기소개서 1번 '학습 경험에 대한 항목'에 대해 그야말로 처음으로 서술하는 학생은 1번 문항(학습 경험)을 글자 그대로 이해하여 자신이 공부 계획표를 작성하듯 서술하기도 한다. '일주일에 어떤 과목에 어느 정도의 노력을 기울이고… 그런데 성적에 변화가 없어서 시간을 늘렸더니 성적이 올랐다.'와 같은 형식의 글이 처음 자기소개서 1번을 서술하는 학생의 전형적인 글이다. 우리가 흔히 말하는 좋은 학교, 학생들이 진학하기를 간절히 희망하는 학교일수록 학업에서 보다 근본적인 경험이 있기를 원한다. 그 정도의 학교를 진학하려는 학생이라면 공부의 양은 이미 충분할 것이기 때문이다.

위에 든 자기소개서는 학업에 대한 근본적인 이해에 초점을 두고 서술한 글이다. 이 학생의 언어 학업에 대한 열정은 자기소개서의 시작 부분 서술에서 알 수가 있도록 서술되어 있다. 굳이 공부 시간이나 '노력을 했다'라는 표현을 사용하지 않더라도 언어에 관심을 가지고 꾸준히 지식을 쌓아 가고 있다는 것을 느끼게 해 준다. 이 학생의 글이 보다 근본적인 부분을 다루고 있다는 것은 무엇을 말하는가?

학생 여러분들이 공부를 하면서 왜 어떤 과목은 특히 관심이 가지 않는 것일까? 왜 어떤 영어 단어는 공부를 해도 계속 잊어버리는 것일까? 과학을 부정적으로 보는 내면의 심리가 있는 사람은 과학 공부에 더 많은 시간을 투자를 하더라도 원리를 깊이 있게 이해하지 못하는 경우가 있다. 미국에 대한 거부감이 강하거나, 특정한 분야에 거부감이 강한 사람은 영어 공부를 형식적으로 할 수 있고 또 그 분야의 단어를 잊어버리는 경향이 있다. 이러한 경우처럼 이 사례의 학생은 그러한 근본적인 부분에 대한 답을 찾고, 서술하고 있는 것이다.

1번 자기소개서가 잘되었다고 보는 이유 중 하나는 학업과 관련된 내적 갈등을 중심으로 서술하고 있고, 이 갈등의 해결 과정을 통해 이 학생이 앞으로 어떤 방향으로 언어 공부를 해 나갈지에 대해 방향을 제시하고 있다는 점이다. 일일이 '나는 어떻게 공부할 것이다'라고 직접적으로 서술하여 '제발 내가 열심히 할게요'라고 말하지 않았다 하더라도 우아한 지성을 가진 입학사정관이라면 충분히 이 학생의 언어 학습에 대한 열정을 느낄 수 있을 것이다.

자기소개서를 작성하고 있는 학생이라면 ①과 같은 표현을 익혀 둘 필요가 있다. 학생들을 지도하다 보면 거의 강박적으로 '이것을 해결하기 위하여 ○○을 찾아 읽었다.'라고 서술하는 것을 많이 본다. 물론 이러한 표현이 반드시 문제가 되는 표현은 아니다. 또 어떤 지적 호기심을 반드시 찾아서 해결하겠다는 강한 의지의 표현이 될 수도 있다. 하지만 표현이 세밀하지 못하면 입학사정관에게 오히려 거부감을 줄 수 있는 표현이다. 진실한 지적 호기심을 채워 가려는 과정에서 읽었다기보다는 자기소개서를 잘 서술하기 위하여 인위적으로 언급하고 있다는 인식을 줄 수 있기 때문이다.

솔직하지 못하게 보이는 자기소개서만큼 문제가 있는 자기소개서도 없다. ①의 표현은 어쩌면 입학사정관에게 학생의 솔직한 모습을 보여 주는 표현일 수 있다. 연령이 어릴수록 자신의 지적 호기심을 채워 가는 과정에서 우연적 요소가 작용하는 경우가 의외로 많고, 이런 부분을 가감 없이 서술하고 있다.

③ 2번 항목

가. 사례

나는 언어가 소멸되어 가는 과정에 대해 관심이 있었다. 그래서 2학년 때 '언어 잠들다'라는 동아리를 만들어 활동하게 되었다. 이 동아리는 전 세계에서 사라져 버렸거나 사라져 가고 있는 언어들에 대해 알아보고자 하는 동아리였다. 우리는 미국의 아메리카 인디언 언어, 이미 사라진 필리핀 언어, 그리고 점차 사라져 가는 제주도 방언을 통해 언어가 어떤 원인에 의하여 사라지는가에 대해 알아보고자 했다. 먼저 우리는 아메리카 인디언 언어가 어떻게 사라져 가고 있는가를 알아보았다. 어떤 사회에 외부의 문화가 유입되는 경우, 특히 침략에 의해 문화가 지배당하는 경우 지배자들은 가장 먼저 종교와 언어를 통제한다는 것을 발견하였다. 우리는 침략자들이 강력한 세력을 동원하여 다른 사회를 지배할 때 왜 종교와 언어를 가장 먼저 장악하는가에 대해 조사하고 토론하였다. 우리는 이런 조사와 토론 과정에서 단지, 침략 정책에 관한 자료만을 참고한 것이 아니었다. 우리는 언어와 문화 혹은 언어와 인간의 정신에 관련된 자료들도 참고하였다. 그 결과 '언어는 그 사회의 공통된 약속'이라는 교과서적인 결론이 실제에서 중요한 의미를 갖는다는 것을 이해하게 되었다. '사회의 공통된 약속'이라는 말의 뜻은 "언어가 전혀 다른 외국의 어느 곳에서 '엄마'라는 단어를 아는 사람을 만난다면 그 단어를 아는 사람끼리는 '엄마'라는 단어가 갖는 수많은 정서와 추억을 공유하게 된다는 것"을 의미한다고 느끼게 되었다. 결국 언어가 동일한 사회는 연대감이 강하게 되고 그러므로 지배자들은 언어를 가장 먼저 억압하는 것이라는 결론을 내릴 수 있었다.

또한 제주도 방언에 관련된 현상을 조사하는 과정에서 제주도가 우리나라의 본토와 연계성이 강화되었고, 그 결과 본토의 정서와 사고가 비슷해지면서 본토의 언어 약속을 점차 수용하게 되고 제주도 방언이 점차 사라져 가게 된 것이 아닌가라고 생각하게 되었다. 결국 언어는 강제적이든 자발적이든 주류 사회와의 사고 및 정서를 공유할 때 소수 언어는 점차 소멸되어 간다는 결론을 내리게 되었다.

이러한 점에서 우리는 방언을 유지하는 것이 좋은 것인가 아니면 방언이 사라져 가는 것은 한 사회로 통합되어 가는 과정에서 어쩔 수 없는 현상인가에까지 생각이 미치게 되었지만, 방언 존재의 필요성에 대한 범위까지는 연구하고 토론할 여유는 주어지지 않았다.

이러한 활동은 앞으로 언어를 공부하는 나에게 공부해야 할 새로운 과제를 남겨 주었다. '억수로'나 '거시기'는 정확히 그 의미를 살리면서 다른 언어로 대체하기 어려운 방언들이다. 그렇다는 말은 이 단어들만으로 표현되는 현상이 있음을 의미한다. 이러한 사례에서 보듯이 방언은 나름대로 언어의 다양성을 증가시키는 기능이 있다고 볼 수 있다. 이 동아리 활동은 언어를 전공할 학생으로서 언어의 원리뿐만 아니라, 지역적으로 사용하는 방언에서만 등장하는 풍부한 표현에 대해 연구하고 정리하여야 한다는 나만의 과제를 만들어 두는 계기가 되었다.

나. 평가

우선 이 글은 앞에 4번에서 서술한 학생의 지적 정체성과 관련하여 일관성 있는 활동으로 볼 수 있다. 그러므로 학생의 자기소개서가 전체적으로 잘 구성된 모습을 보인다. 활동의 소재 면에서도 독창적인 활동이라고 할 수 있다. 독창적인 활동은 이상하고 괴기한 활동이 아님을 주의하여야 한다. 이 학생은 자신의 지적인 호기심을 충족시키는 과정에서 이 학생만이 생각할 수 있는 활동을 고안해 내고, 활동 주제도 막연히 정한 것이 아니라 구체적이고 범위도 명확하게 정하고 있어서 활동의 실제성이 느껴진다. 이 글을 읽는 독자라면 아마 글자의 제한성이 없었다면 더 좋은 내용이 많이 언급될 수 있었을 것이라고 예상할 수 있을 것이다.

세 번째 문단과 네 번째 문단에서는 글쓴이가 활동을 통해 느낀 느낌을 서술하고 있다. '나는 ○○을 느꼈다.'의 전형적인 표현을 굳이 사용하지 않아도 이 학생이 동아리 활동을 통하여 앞으로 어떤 방향으로 공부해야 하는지에 대해 서술하고 있으므로 충분히 그 느낌이 서술되었다고 볼 수 있다.

다만 이 글이 좀 더 내·외적인 갈등을 중심으로 서술되었다면 더 나은 자기소개서가 되었을 것이다. 물론 자기소개서 3번에 '갈등 해결 과정'이라는 문항이 존재하지만 1~2번의 내용 내에서도 갈등은 필요하다. 예를 들면 일제 강점이 우리 민족의 언어가 왜곡되고 말살되는 과정을 돌아보면서 강대국(제국주의)과 약소국의 언어적 측면의 갈등 관계로 서술해 보면 자기소개서가 좀 더 동태적이고 활기 넘치는 글이 되었을 수가 있다. 아니면, 일제 강점기 우리 언어가 핍박을 받은 것과 인디언 언어의 몰락 과정을 비교해 보고 강대국의 힘과 연결하여 서술하였다면 더 흥미진진한 글이 되었을 것이다.

현재의 글은 소재도 좋고 전체적인 통일성이 있기는 하지만, 있었던 사실을 열거하는 형식으로 구성되어 있다. 이러한 글은 신문 기사나 역사 서적에서 주로 사용하는 서술 방법으로, 단순한 사실의 전달로서는 괜찮은 글이다. 하지만 채점 과정에서 피곤에 지친 입학사정관에게 흥미를 유발시키기 위하여 갈등 관계를 활용하는 구성이 필요하다. 이에 중점을 두고 다시 서술해 보기를 권장한다.

3
아동학과에 지원한 학생의
자기소개서

① 4번 항목

가. 사례

①태어났을 때부터 친할머니와 같이 살고 있습니다. 어린 시절, 할머니와 어머니께서 가끔 갈등이 있으신 것을 목격하고 복잡한 마음이 들 때마다 ②저의 감정을 조절하는 능력이 생긴 것이 지금의 삶에 큰 영향을 미치고 있다는 것을 깨달았습니다. ③친구들을 상담해 주고 노인 요양원 봉사 활동 중 어르신들의 이야기를 들어 드리며 ④그들도 어린 시절 경험이 지금의 삶에 영향을 주지 않을까 하는 의문이 생겼고, 여러 사람의 이야기를 들어주고 해결책을 세워 주는 것이 제 적성에 맞지 않을까 생각하게 되었습니다. 여러 사람의 이야기를 들어줄 수 있는 직업에 대해 진로 시간에 탐색하며 가족 심리 치료사라는 직업을 알게 되었고, 살아온 과정이 어떻게 사람에게 영향을 미치는가를 기반으로 사람

들의 이야기를 들어주고 싶었기 때문에 아동학과라는 전공에 목표를 두게 되었습니다.

아동학과에 진학하여 아동가족학을 전공할 것입니다. 먼저 아동에 대한 폭넓은 지식을 갖추려 노력하기 위해 경제, 계층, 환경, 성 등과 같은 여러 요인과 연관시켜 아동에 대해 사고하려 노력할 것입니다. 이를 기반으로 학년을 진급하며 넓은 시야를 가져 '유아, 영아 발달심리' 수업에 참여할 것입니다. 그리고 '상담 이론 및 실제' 수업을 들으며 각 세대에 따라 알맞은 상담 방법을 익히려 노력할 것입니다. 수업 이외에도 방학 기간 중 상담 봉사 활동과 학교에서 공지하는 해외 봉사 활동에 자발적으로 참여해 여러 사람의 이야기를 들을 수 있는 기회를 많이 접하여 가족심리치료사의 소양을 갖추려 노력할 것입니다. 전문적인 심리 치료를 위해 가족심리상담지도사 자격증도 취득할 것입니다. 여러 사람들의 이야기를 들어준 경험과 학습한 수업들을 토대로 상담과 심리 치료를 사람들에게 딱 맞고 편안한 옷과 같은 가족심리치료사가 되고 싶습니다. 사람들의 고민을 깊고 넓게 들을 수 있는 귀를 가진 ○○대학교 아동학과의 꿈나무가 되겠습니다.

나. 평가

이 자기소개서는 완전히 초안 단계에 있는 학생 글이다. 제한된 글자 수는 1000자다. 늘 말하는 바와 같이, 처음 자기소개서를 서술할 때에는 글자 수에 집착해서는 안 된다. 자신이 서술하고 싶은 내용이나 구성에 따라 원하는 대로 서술한 다음 첨삭에 들어가야 한다. 이 학생이 지금 서술한 위의 자기소개서 글자 수는 930 자 정도이다. 이 자기소개서는 평범한 수준의 자기소개서다. 평범한 수준이라는 것은 흔히 말하는 최고의 대학에 제출하기에는 검토해야 할 부분이 많다는 것을 의미한다. 아래에서 꼼꼼하게 검토해 보도록 할 테니, 이 책을 보는 학생들도 이 부분의 설명을 집중하여 읽어 보기를 권장한다.

위 사례의 자기소개서는 글 쓴 학생의 정체성의 형성 과정과 지적 호기심의 발생 과정을 어렸을 때를 시작으로 성장하는 과정을 통해 서술하고 있다. 그리고 두 번째 문단에서는 앞으로 자신이 어떤 내용을 어떤 과정을 통해 공부할 것인지를 제시한다. 첫 번째 문단은 글의 흐름이 전체적으로 매끄럽지 못하므로 수정이 필요하다.

지금 자기소개서 4번의 첫 번째 문단은 시간적인 순서에 따라 단순 나열식으로 서술하고 있다. 내용의 소재가 나름대로 독창성이 있기 때문에 어느 정도 흥미를 유발시킬 수 있는 요소가 있다. 여기서 내용의 소재가 독창적이라는 말은 특별한 사례를 서술하였다는 의미가 아니다. 인간은 비슷한 듯하지만 각기 자신만의 삶을 살아간다. 그냥 그 경험의 한 부분을 서술하면 자기만의 글이 되고 그것이 독창성을 지니게 된다.

또한 자신이 경험한 사건에 대해 시간적 범위를 적절하게 설정하고 있다. 다시 말하면 '할머니와 언제부터 어떻게 살아왔는데 어머니는 어떻게 하여 함께 생활하게 되었고'와 같은 시간적 흐름을 일일이 서술한 것이 아니라 과감하게 생략하고 있다. 자신이 의도하는 전체적인 글 흐름에 맞게 적절한 지점을 선택하고 또 생략할 부분은 생략하고 있다.

하지만 이 글은 어느 정도 문제점도 함께 가지고 있다. 먼저 ①과 ②의 관계에서 나타나는 문제점이 있다. ①에서는 할머니와 어머니의 갈등 관계를 보고 복잡한 마음이 들곤 하였다고 서술하였는데, 이러한 복잡한 마음에서 ②번에서 설명하는 것처럼 어떻게 갑자기 감정 조절능력이 생겼고 또 그것이 지금의 삶에 큰 영향을 미치는가를 어떻게 깨닫게 되었는지에 대한 설명이 전혀 없어서 이 글은 '내가 감정 조절능력이 좀 좋으니까 입학사정관님은 그냥 그렇게 알아줘'라고 하는 글처럼 보인다. 그러므로 ③, ④에서 내용의 무게가 떨어진다.

이러한 문제점이 발생하는 이유가 무엇인가 생각해 보자. 한정된 글자 수 때문에 어쩔 수 없는 일인가? 이 자기소개서가 보다 높은 수준으로 가기 위해서는 내적 갈등 중심으로 글을 전개하여야 한다. 만약 그렇게 글을 수정한다면 ③과 ④의 내용이 탄력을 받을 수 있다. 또한 만약 내적 갈등 중심으로 서술하는 경우에 ③의 내용이 수정될 필요성도 있다. 아래 글은 위의 사례 글을 수정한 글이다.

태어났을 때부터 친할머니와 같이 살고 있습니다. 어린 시절, 할머니와 어머니께서 가끔 갈등이 있으신 것을 목격할 때 저는 어떻게 행동해야 할지 복잡한 마음이 들곤 했습니다. 어머니와 편하게 지내면 할머니에게 미안하고 할머니와 친하게 지내면 어머니에게 미안했습니다. 저는 이러한 갈등 상황에서는 늘 감정 조절이 쉽지 않았습니다. 저는 중학교를 졸업하고 고등학교 생활을 하면서도 이런 복합적인 감정의 충돌이 있을 때면 어떻게 해야 하는지 판단을 하기가 어려웠습니다. 제가 반장을 할 때 반 학생들은 저에게 이런저런 상담을 많이 해오곤 하였습니다. 그리고 노인 요양원 봉사 활동 중 어르신들의 이야기를 들어드린 적도 있습니다. 이렇게 많은 사람들을 통해 그 사람들의 사연이나 괴로움을 듣는 과정에서 충돌하는 두 견해는 누가 옳고 누가 잘못된 것이 아닐 수 있다는 것을 알게 되었습니다. 두 당사자 모두 옳을 수 있다는 것을 느끼게 되었습니다. 단지 두 당사자들의 의사가 서로 전달될 수 있도록 자리와 분위기만 마련해 주면 해결되는 경우가 많았습니다. 또한 제3자로서 나는 단지 그들의 하소연을 들어 주기만 하여도 충분한 정도로 문제는 해결되기도 했습니다.

이러한 경험을 통해 나는 내 나름대로 인간성에 대한 이해를 할 수 있었고, 여러 사람의 이야기를 들어 주고 해결책을 세워 주는 것이 제 적성에 맞지 않을까 하는 생각을 하게 되었습니다. 여러 사람의 이야기를 들어 줄 수 있는 직업에 대해 진로 시간에 탐색하며 가족심리치료사라는 직업을 알게 되었고, 살아온 과정이 어떻게 사람에게 영향을 미치는가를 기반으로 사람들의 이야기를 들어 주고 싶었습니다. 그중에서도 특히 아직 감정처리에 미숙한 어린 아동들의 감정적인 갈등 문제를 해결해 주고 싶다는 생각에서 아동학과라는 전공에 목표를 두게 되었습니다.

수정된 사례와 기존의 자기소개서가 다른 점은 첫 번째 문단에서 학생의 내적 갈등이 어떻게 존재하고 그러한 갈등이 어떻게 해결되는가의 과정을 중심으로 서술되었다는 점이다. 수정된 자기소개서는 입학사정관이 이 글을 읽을 때 학생의 고민에 대한 이미지가 구체적으로 드러나도록 작성되어 있다.

학생이 어떤 부분에 대해 고민하고 있으며 그러한 고민이 어떤 과정을 거쳐 해결되었는가에 대해 논리의 비약 없이 자연스럽게 서술되었다. 이런 갈등의 해결 과정을 통해 자연스럽게 학생의 꿈과 진로가 결정되고, 그 결정되는 과정 또한 설득력 있도록 서술되었다. 만약 첫 번째 문단이 이렇게 수정된다면 글자 수의 제한 때문에 두 번째 문단의 내용은 어느 정도 축소하여야 할 것이다.

② 1번 항목

가. 사례

①일 학년 당시 저는 수학에 흥미도 없었을 뿐만 아니라 수학 공부를 할 생각만 하면 한숨부터 나왔습니다. ②수학 공부를 꾸준히 하지 않았기 때문에 좋은 성적도 얻지 못했습니다. ③성적을 올려야겠다는 생각에 1학기를 마치고 학교에서 실시한 수학 특별보강 프로그램을 신청했습니다. ④초반에는 쉬운 문제부터 시작하여 접근할 수 있었지만 심화 문제를 접하기 시작하니 개념이 확실히 잡히지 않은 저는 그저 선생님의 풀이 방식을 암기하고 답지 풀이를 암기하는 공부를 하게 되었습니

다. 선생님의 풀이 방식과 답지 풀이만 암기하였기에 같은 개념의 다른 유형 문제가 나오면 전혀 풀 수 없었습니다. 수학 공부를 어떻게 해야 할지 감이 잡히지 않아서 담임 선생님께 상담을 신청했습니다. ⑤담임 선생님께서는 학교에서 주최하는 진로프로그램을 추천해 주셨고 저는 그 프로그램에 참여하게 되었습니다. 프로그램에 참가해 여러 동영상을 보았습니다. 동영상 중에는 수학답지를 암기하여 문제를 풀면 수학 실력이 늘지 않는다는 내용을 담은 것이 있었습니다. 그 동영상을 보고 수학 공부는 암기하는 것이 아니라 개념 이해가 우선시되어야 한다는 것을 깨달았습니다.

새 학년을 시작하며 개념 위주의 공부를 하였고 문제가 풀리지 않으면 답지를 보는 대신 알고 있는 개념들을 적용해 무조건 공식에 대입하는 것이 아니라 그림을 그려 보는 등 저만의 풀이를 만들려 노력했습니다. 직접 칠판에 나가서 친구들에게 문제 풀이를 해 주며 개념을 확실히 다지려 했습니다. 개념을 확실히 다지며 수학에 대한 자신감이 생겨 3학년 때에는 수학 경시대회에 참가하였습니다. 입상은 하지 못하였지만, 수학에 흥미와 자신감이 없었던 저에게 경시대회를 참가한 것은 큰 도전이었습니다. 수학은 큰 장애물 같은 것이었습니다. 그러나 수학을 극복하려 저의 암기식 공부의 문제점을 개념 위주의 공부로 해결하며 모든 일에는 기초가 중요하다는 것을 느낄 수 있었고, 답지를 보지 않고 저만의 풀이 방법을 찾으려 노력하면서 끈기 있게 노력하는 방법을 배울 수 있었습니다.

나. 평가

위 사례의 자기소개서는 최상위권 대학을 목표로 하는 자기소개서가 아니라는 것이 내용상 이미 드러나 있는 자기소개서이다. 수학 과목에서 개념에 대한 이해는 기본적으로 갖추어야 하는 것이다. 그런데 수학 개념에 대한 이해가 고등학교 1학년까지 부족하다는 내용은 최고의 대학에 지원하려는 자기소개서 내용으로는 적절하지 못하다. 만약 최고의 대학에 지원하려면 기본 개념에 대한 이해를 한 상태에서 더 발전된 분야에 대한 지적 호기심을 느끼고 그러한 호기심을 채워 가는 과정으로 서술하면 좋은 글이 된다.

지적 호기심을 발전시켜 가는 활동은 현실의 어려운 문제를 수학적으로 구성해 본다든가 수학에서 어떤 특정 분야에 대해 – 고등학교 교육 과정처럼 전체적으로 훑어가는 학습 방법이 아니라 – 더 높은 과정을 이해하려고 하는 내용을 서술하는 것이 적절하다. 물론 그러한 활동이 진심 어린 지적 호기심에서 나온 활동이고 또 실제로 자신이 했던 내용이어야지, 오로지 자기소개서에서만 그렇게 서술하라는 것은 적절하지 못하다.

①, ②와 같은 표현은 자제하는 것이 좋다. '제1장 – Ⅱ –1 –4)' 편에서 언급한 것과 같이 감정적인 표현이나 자신을 낮추어 서술하는 것은 바람직하지 못하다. 만약 ①, ②를 변경한다면 다음과 같이 변경하는 것이 좋겠다.

'저는 고1 때까지 수학 과목의 필요성을 내면적으로 이해하지 못하고 있었습니다. 어느 정도 공부를 하고 있었지만 필요성이 와 닿지 않는 마음을 가지고서 더 높은 단계로 넘어가는 데는 한계가 있었습니다.'

지금 수정한 문장과 앞의 ①, ②와 비교해 보면 다음과 같은 차이가 있다. 기존에 서술된 문장은 '저의 학생부 기록을 보면 수학 점수가 낮게 기록되어 있습니다. 한번 봐줄 수 없나요? 부탁드려요.'라는 의미가 감정적 용어로 표현되어 있다. 하지만 수정된 내용을 보면, 보다 객관적 용어를 사용하고 수학 학습 그 자체에 대해 학생이 어떻게 접근하고 있는지 서술하고 있는데 이 변경된 내용을 입학사정관이 읽는 경우, '그렇다면 그다음에 이 학생은 어떻게 이것을 이겨 나가고 있을까?'라는 흥미를 가질 수 있도록 서술되었다.

③의 단순히 '성적을 올려야겠다는 생각'이라는 표현은 좀 더 좋은 표현으로 변경할 수 있다. 이 표현에는 수학에 대한 지적 호기심이 전혀 나타나 있지 않다. 또한 기존에 수학에 대한 자신의 태도와 그러한 태도 변화에 대한 근본적인 지적 계기도 드러나 있지 않다. 또 뚜렷한 수학적 목표도 보이지 않는다. 따라서 지금 설명을 참고로 ③을 변경해 볼 필요가 있다.

④에서와 같이 단순히 풀이 방식을 암기하였다든가, 혹은 답지만을 외워 풀이하였다든가와 같은 내용을 서술하는 것보다 좀 더 깊이 있는 내면의 과정을 서술하는 것이 더 좋은 글로 보인다. 앞

에서부터 계속 말해 왔지만 내면의 지적 갈등의 흐름을 따라 서술하기를 권장한다. 예를 들면 '수학에 대한 필요성이 와 닿지 않았기 때문에 단지 점수를 위한 암기 위주의 학습을 하게 되고 더 깊이 있는 개념을 묻는 문제에 대해 거부감이 강하게 남아 있었다.'와 같이 서술할 수 있다.

그리고 추가하여 '수학 학습의 근본적인 필요성에 대해 알아보기 위하여 담임 선생님께 상담하였다.'라고 서술할 수 있을 것이다. 단순히 '시간적인 양을 추가하거나 점수를 위하여 노력하는 과정에서 점수를 높이는 방법을 이해하게 되었다.'라고 서술한다면 입학사정관은 '이 자기소개서를 서술한 학생이 지적으로 자신의 내면에 대한 통찰이 낮지 않을까?'라고 생각할 수 있다. 아무래도 자신의 지적인 성장에 대해 스스로의 내면을 통찰하고 반성해 가는 학생이 더 좋은 평가를 받는 것이 당연한 것이 아닌가 생각한다.

③ 2번 항목

가. 사례

①영어에 관심이 많았고 관심이 많은 만큼 잘하고 싶었기 때문에 2년 동안 영어 신문 동아리에서 활동했습니다. ②기사의 글감을 찾기 위해 인터넷 기사를 살피던 중 현대 사회 다문화 가정 아동의 소외 문제를 보여 주는 기사를 읽게 되었습니다. ③사회 문화 수업 시간에도 접하고 있는 주제이고 ④인간은 어린 시절에 경험한 것이 앞으로의 삶에

많은 영향을 끼칠 수도 있다는 것에 흥미를 느끼고 다문화 가정의 아동 소외 문제에 대한 기사를 쓰기로 했습니다. ⑤기사를 준비하며 다문화 가정 아동 소외 문제는 인종, 계층, 성 등 다양한 부분에 의해 연관되어 있고 이러한 다양한 부분들이 아동 소외 문제의 원인이 된다는 것을 알 수 있었습니다.

⑥다문화 가정의 아동 소외 문제에 대하여 이런 요소들 간의 여러 연관성을 조사하고 구체적인 해결 방안에 대해 고민해 보았습니다. ⑦그 결과 교육이나 상담 프로그램만이 아니라 사회적·개인별 원인을 정확히 파악한 뒤 주된 원인에 따라 알맞은 해결책이 필요하다는 생각이 들었습니다. 사회적 원인은 고등학생 입장에서 실제 조사하기가 어려움이 있어서 개인별 문제 해결 방법을 조사하였습니다. ⑧막연히 전문 상담프로그램을 운영할 것이 아니라 원인별 전문 상담 프로그램의 확충과 1:1 전담 상담가의 활성화라는 해결책을 생각해 볼 수 있었습니다. 기사를 쓰며 다문화 가정의 소외 아동들에게 깊은 관심의 필요성을 깨달을 수 있었고, 다문화 가정의 아동 소외 문제뿐만 아니라 학생들 사이에서 발생하는 소외 문제, 가족들 간에서 발생하는 소외 문제들을 해결할 때에도 전체적으로 접근해야 할 뿐만 아니라 구체적인 원인도 파악하여 접근해야 함을 느낄 수 있었습니다.

나. 평가

위의 자기소개서는 앞의 4번 자기소개서와 학생의 정체성 측면에서 일관성이 있다. 이 자기소개서 2번에 서술된 활동은 학생의 정체성 관점에서 적절한 활동이면서 자기소개서로서 적절한 소재를 선택한 것이다. 하지만 내적인 글의 흐름에 무리가 있는 부분이 있다. 이런 부분이 수정되어야만 좋은 점수를 얻을 수 있다.

①번 문장은 전체적인 글의 흐름과 동떨어진 문장이다. 만약 영어에 관심이 많아서 영자 신문 동아리에 가입하였다면 그 아래에 서술할 내용은 어떠하여야 할 것인가? '영자 신문의 기사를 쓰기 위해서 혹은 영자 신문의 기사를 써 보니까 영어에 대해 어떤 점을 느끼게 되었다.'라는 내용이 서술되어야 ① 문장의 내용과 조화를 이룰 수 있을 것이다. 그러므로 ①번 문장은 없는 것이 자기소개서의 2번 내용을 충실하게 만드는 방법이다.

자기소개서는 대체로 고등학교 3년간의 많은 활동들을 서술하는 것이고 또 어떤 하나의 활동이더라도 학생에게는 여러 가지 의미를 줄 수 있다. 될 수 있으면 많은 내용을 서술하여 조금이라도 합격의 가능성을 높이려고 하는 학생들의 마음은 충분히 이해한다. 하지만 금동상을 조각할 때는 금을 잘라 내어야 작품이 완성되듯이 제대로 자기소개서를 작성하려면 자신이 서술하고자 하는 핵심에서 벗어나는 내용은 아무리 중요하더라도 버리지 않으면 안 된다. 그러므로 ① 문장을 삭제하고 글의 시작 문장을 '저는 2학년 때 영자 신문 동아리 활동을 했습니다.'로 수정하는 것이 더 적절하다.

③번과 ④문장을 변경하는 것이 바람직하다. 지금 자기소개서 해당 부분에서 서술하려는 것은 '다문화 가정의 아동'에 관련된 내

용이다. 그런데 '어떤 과목 시간에 배웠다'라는 문장이 '다문화 가정의 아동'에 대한 자신의 활동과 직접적으로 어떤 관련이 있는지 알기가 어렵다. 단순히 사회문화라는 과목에 '다문화'에 관한 내용이 등장한다고 입학사정관에게 친절하게 알려 주고 싶은 마음이 아니라면 삭제하는 것이 좋다. 이 두 문장을 4번 자기소개서와 조화를 이루도록 아래와 같이 서술할 수 있다.

> '어린 아동들이 자신의 감정을 처리하는 데 성인보다는 더 큰 어려움이 있을 것이라고 평소에 생각하고 있었던 저는 특히 다문화 가정의 아동들이 감정 처리에 더 큰 어려움에 직면할 것이라고 생각하였습니다. 그리고 이러한 감정의 처리 능력이 이 아이들의 장래에도 큰 영향을 미칠 수 있다고 생각하여 다문화 가정의 아동에 관련된 기사를 작성하기로 결정하였습니다.'

이렇게 ③ 문장과 ④ 문장을 변경시켜 놓고 보면 각각의 문장들이 하나의 주제를 통해 흐름이 연결되고 있다는 것을 알 수 있을 것이다.

⑤ 문장의 현재 내용 자체가 문제가 있는 것은 아니다. 하지만 '기사를 준비하면서 곧바로 어떤 것을 알게 되었다.'라고 표현하는 것 보다는 좀 더 현실감 있는 활동이 필요하다. 예를 들면 '봉사 활동을 간 어린이집에서 다문화 가정의 여자아이를 만날 수 있었고. 그 아이와 꾸준히 대화하는 과정에서 경제적인 어려움이나 다른

인종에 대한 차별, 남아 중심의 사고 등이 이 아이의 가치관을 혼란하게 하고 있었고, 그 결과 아이의 자신감이 떨어지고 소극적인 성격을 가지는 것으로 보였다. 이러한 면담의 결과 ⑤의 내용과 같은 결론에 도달할 수 있었다.'와 같이 변경할 수 있다.

어떤 과정에 대한 설명 없이 곧바로 ⑤와 같이 서술한다면 입학 사정관에게 '이 학생이 어떤 마음으로 어떻게 활동을 하고 있구나!'라고 느끼게 하는 내용이 아니라, 입학사정관에게 자신의 주장을 '믿어 달라'라는 주장을 하는 글이 된다.

⑦에서는 상담 프로그램뿐만 아니라 다른 방법을 병행해야 한다고 서술하고 있다. 그런데 ⑧에서 또다시 상담프로그램을 활성화하자는 결론을 내고 있다. ⑧과 같은 결론으로 마무리할 것이 아니라, 자신이 생각해 두었던 좀 더 현실적으로 와 닿는 새로운 방법을 찾아서 서술하는 것이 적절하리라 판단된다.

지금 지적한 대로 위의 자기소개서를 수정한다면 글자 수가 늘어날 수 있다. 만약 그렇게 된다면 자기소개서 2번 문항은 이 내용 하나만 서술하여도 충분할 것이다.

④ 3번 문항

가. 사례

> 고등학교 2학년 때 저는 학급 반장이었습니다. 학기 초에 저희 반에선 아주 특별한 일이 있었습니다. 다른 반 친구가 학교 폭력 문제로 저

희 반으로 학급 교체를 한 일이었습니다. 반장으로서 그 친구에게 해 줄 수 있는 것이 무엇이 있을까 며칠을 생각했습니다. ①섣불리 개입하면 그 친구에게 부담이 될 수 있을 것 같아 어떤 방식으로 도와줘야 할지 감이 잡히지 않았습니다. 고민 끝에 혼자 해결하는 것보다 다른 임원 및 담임 선생님과 머리를 맞대어 생각해 보면 좋을 것 같아 함께 토의를 해 보자고 제안했습니다. 담임 선생님께서는 이미 자리 배정이 끝났지만, 그 친구가 새로운 친구들과 소통하기 쉽고 선생님 말씀도 잘 들리는 중앙에 있는 자리로 새로 배정해 주자고 제안하셨습니다. 선생님이 말씀하신 중앙에 있는 자리는 이미 저의 자리로 배정되어 있었습니다. 친구를 반에 적응시키는 것이 우선이라 생각하여 제 자리를 기쁜 마음으로 양보했습니다. 저는 그 친구의 진도와 저희 반의 진도가 맞지 않는 것을 고려하여 임원들에게 몇 과목씩을 책임져서 도와주자고 제안했습니다. 임원들이 나서서 친구를 도와주니 반 친구들도 하나둘씩 그 친구를 도와주었습니다. 그 친구는 걱정했던 것보다는 빨리 반에 적응하여 무난한 학교생활을 했습니다. ②그 친구를 도와주기 전 그 친구가 도움을 부담으로 느끼거나 오히려 오해하면 어쩌지 같은 걱정을 많이 하였습니다. 막상 그 친구는 우리의 도움을 전혀 부담으로 느끼지 않았고 진심으로 고마워했습니다.

현대 사회에는 많은 사회적 약자들이 국가나 기업, 여러 시민 단체 등을 통해 도움을 받고 있다고 배웠습니다. ③그런데 도움을 받는 사람 중 감사의 마음을 갖는 경우가 그렇게 많지 않은 것 같습니다. 그 친구의 고마워하는 모습을 보며 진심 어린 도움의 필요성에 대해 생각할 수 있었습니다. 그리고 임원들이 나서서 도와주니 다른 친구들도 함께 도와주는 것을 보며 ④솔선수범의 중요성을 다시 한 번 깨달을 수 있었습니다.

나. 평가

위 자기소개서 3번 사례는 비교적 우수하게 작성되었다. 앞의 사례 4번 자기소개서와 학생의 정체성 면에서 일관성을 유지하면서 3번이 작성되고 있다. 특별하고 독특한 소재는 아니지만 학교 생활에서 동료들 간에 발생하는 소소한 문제점을 해결해 나가는 학생의 성격을 잘 드러내 주고 있다.

이 자기소개서는 반장으로서 자기 반의 새로운 변화에서 발생하는 갈등 관계를 중심으로(기존의 반 분위기와 새로운 분위기의 갈등 관계) 서술하고 있고, 그러한 갈등이 자기소개서를 작성한 학생과 학반의 구성원들에 의해서 해결되는 과정이 적절하게 서술되었다. 조금 더 적절한 점은 ①과 ②에서 자기소개서를 작성한 학생의 내면의 갈등도 드러나고 있다는 점이다. 외적 갈등과 내적 갈등이 모두 드러내면서 글이 작성될 때 입학사정관이 이 자기소개서에서 드러나는 이미지를 그리기 쉽고, 그 결과 흥미를 두고 읽을 수 있는 글이 된다.

이 글에서 ③과 ④에서 조금 더 주의해야 할 필요성이 있다. ③은 막연한 일반적인 표현이다. 속담 혹은 격언, 막연한 일반적인 표현은 자제하는 것이 좋다. ③ 문장을 '주위 사람들이 호의를 베

풀어도 그러한 호의에 대해 받아들이는 방식을 잘 모르는 사람들도 있을 수 있다. 하지만' 이와 같이 수정해 보면 막연한 일반적인 원칙을 그대로 따르는 것이 아니라 '가능성'만을 언급하는 것이기 때문에 보다 더 적절한 표현이라고 할 수 있다.

④ 표현은 학생 자신의 업적을 과시하는 느낌이 약간 보인다. 입학사정관이 학생에 대해 애정을 가지고 빙긋이 웃어넘길 수 있는 수준이기는 하다. 이러한 점이 우려된다면 '배려나 양보의 중요성을'이라는 표현으로 변경해 볼 수 있다. 하지만 이런 표현이 조금 더 나아갈 경우 좋지 않은 이미지를 줄 수 있다. 예를 들면 '우리 학교의 이런 문제는 전교회장인 나의 의견에 의해 문제가 해결되어 기쁘게 생각한다.'라든가 '이러한 실험 결과로 우리 학교에서 화학 과목에 대해서는 더 이상 나와 비교할 학생이 없었다.'와 같은 표현은 사용하지 않는 것이 좋다.

입학사정관에게 보다 현실감을 느끼도록 하려면 반 회장 혹은 임원들뿐만 아니라 일반 반 구성 학생과 반을 옮겨 온 학생의 관계를 어느 정도 언급해 주어야 한다. 이러한 내용이 언급되었을 경우 읽는 사람이 그 갈등 상황을 입체적으로 이해할 수 있고 학생이 갈등 해결 과정을 더 풍부하게 서술할 수도 있으며, 그 갈등이 해결되었을 때 글을 읽은 입학사정관은 더 흥미를 갖고 공감할 수 있는 글이 된다.

4
평가자들이 평가한
사례들[6]

아래에서는 자기소개서의 제시문 소개 없이 평가들만을 서술해 놓았다. 그 이유는 이러한 평가들을 읽어 봄으로써 학생들이 자기소개서를 작성할 때 어떤 기준에 의해 작성하여야 하는가를 알 수 있다고 생각했기 때문이다.

① 평가 사례 1

위의 제시문에서 학생은 자신이 어릴 때부터 가족의 환경에 의해서 형성되어 온 사회에 대한 어떤 신념을 적절히 표현하였다. 이 학생은 감정적으로 치우치지 않고 사회에 대한 그의 신념의 중요성을 구체적으로 표현하였다. 그리고 그러한 사회에 대한 신념이 학생이 어릴 때 가족의 환경에 의해서 어떻게 형성되었는가도

---

6) 65Successful Harvard Business School Application Essay, St.Martin's Press, 2009. 교재에 실린 평가부분을 선별하여 게재함.

적절히 표현하고 있다.

　이 학생은 자기소개서를 시간적인 흐름에 따라 서술하고 있는데, 가정환경을 통해 자신의 사회에 대한 신념이 어떤 과정을 거쳐 형성되었는가를 설명한다. 하지만 단순히 '그래서 어떤 신념을 가지게 되었다'라고 단순하게 마무리하지 않고 있다. 학생은 가정환경을 통해 자신의 사회에 대한 신념이 형성되는 과정을 서술한 다음에 고등학교에 올라와서 고등학교 과정에 대한 학습을 하는 과정에서 자신이 사회에 가지고 있던 신념에 의문을 가지는 과정을 서술하고 있다.

　그리고 이러한 의문을 스스로 해결해 보기 위하여 여러 자료를 찾아보고 동아리에서 그와 관련된 활동도 적절히 서술하고 있다. 이러한 서술은 학생의 신념이 막연히 주관적인 가치에 머물지 않고 자신의 지식을 학문적으로 정리해 보려는 시도는 좋은 점이라고 볼 수 있다. 결국 학생의 자기소개서에서는 이를 통해 입학사정관이 학생 자신이 가진 사회에 대한 신념이 한층 더 넓어지고 성장해 가는 과정을 알 수 있도록 서술한다.

　하지만 이 자기소개서에는 한계가 있다. 이 학생은 자신의 신념이 어릴 때에 어떻게 형성되었고 고등학교 때 어떻게 성장했는지에 대해서는 잘 서술하고 있지만, 그러한 신념의 성장과 자신이 진학하려고 하는 ○○대학교 ○○학과와의 연결성이 부족하다.

　이렇듯 자기소개서의 대부분은 자신의 신념에 대해 충실히 서술하였지만 진학 학과와 연결성이 부족하여 이에 대한 수정이 필요하다. '자신의 신념이 어떠하고 어떤 부분을 더 학습하고 싶다. 그런데 ○○대학교 ○○학과는 어떤 공부를 하는 학과이므로 해당 학과에 진학하기를 원한다.'라는 내용이 추가되어야 한다. 자기소개서를 작성할 때 자신이 희망하는 대학이나 학과에 대해 충분한 정보를 가지고 서술하기를 권장한다.

② 평가 사례 2

이 자기소개서는 학생이 어떤 과정을 거쳐 철학에 대한 관심을 발전시켜 온 것인지를 서술하고 있다. '왜 ○○대학교의 철학과에 지원하려고 하는가?'와 같은 전형적인 자기소개서의 질문에 적합한 자기소개서이다. 이 자기소개서는 학생이 왜 철학에 대해 관심을 가지게 되었는지 그리고 철학을 배우려는 동기가 어떻게 형성되었는지 잘 서술하고 있다.

이 학생은 중학교 때 관동 대지진에 대해서 공부를 하고 그때부터 인간의 도덕성에 대한 막연한 궁금증을 가지고 있었는데, 자신도 그러한 궁금증에 대해 어떤 것이라고 알지 못하는 상황이었다. 그런데 고등학교에 진학하여 자신이 궁금해하는 것이 무엇인지 구체적으로 이해하게 되는 과정을 비교적 차분하게 서술하고 있다. 그리고 이 학생은 특히 국제적인 현상에서 발생하는 인간의 행동에 대해 이해하고 싶은 마음에 철학과를 지원하는 것으로 서술하고 있어서 자신이 진학하고자 하는 이유와 학습 방향에 대해서도 명확하게 서술하고 있다.

그런데 이 학생의 자기소개서 마지막 부분에 '국제 관계에서 발생하는 현상과 관련해서 인간의 특성과 도덕성을 이해해 보고 싶고, 더 나아가 이렇게 형성된 인간에 대한 이해를 바탕으로 국제 정치의 일원으로 참여하고 싶다.'라고 서술한다. 국제 현상에서 인간의 도덕성을 이해하고 이러한 방향으로 학문을 하기도 쉽지 않다. 그리고 국제 정치는 국제 사회에서 전쟁을 해서라도 자기 국가의 이익을 관철시키려는 곳이다. 물론 국제 정치가 인간의 도덕성에 대한 이해와 완전히 무관한 것은 아니다. 하지만 '국제 정치에 참여하고 싶다.'라는 표현은 철학과를 단지 수단으로만 인식하고 있다는 오해를 불러일으킨다. '국제 정치의 일원'이라는 표현 대신에 '국제 봉사 활동' 정도의 표현을 하였다면 적절한 표현이 될 수도 있다.

③ 평가 사례 3

이 학생의 자기소개서는 깔끔하고 단순하다는 느낌이 든다. 그리고 이 학생이 희망하는 진로가 아주 독특하고 진실 되어 보이기 때문에 입학사정관의 관심을 끈다. 이 학생은 봄에 특히 많이 불어오는 황사에 대해 깊은 이해를 보이고 있고, 그러한 황사를 불편한 것으로 보는 것이 아니라 이 현상을 방지할 근본적인 대책을 생각한다.

이미 많은 매체에서 황사를 방지하기 위하여 나무 심기 운동을 진행하고 있다는 것은 일반적인 논의의 수준이기 때문에 만약 이 학생이 그 수준으로 내용을 마무리했다면 좋은 등급을 받을 수 없었을 것이다. 이 학생의 진로 설정은 창의적인데, 막연히 새로운 것을 희망하는 것이 아니라 자신이 지금까지 관심을 가져온 환경에 대한 이해를 바탕으로 자신만의 진로를 찾았기 때문에 창의적이라고 말할 수 있다.

이 학생은 자신의 진로를 환경 경영 - 환경을 보호하기 위한 회사의 운영 - 으로 정하고 있다. 그리고 자신이 환경에 관심을 가지게 된 계기, 인간은 이기적인 속성을 가지고 있다는 학생의 인간관, 이러한 이기적 속성을 활용하여 환경을 개선시키려는 창의적 생각, 그리고 고등학교 과정에서 이러한 관심을 실현시켜 보려고 조사하고 활동한 과정을 군더더기 없이 서술하고 있다.

이 학생의 단점은 회사라는 이윤을 추구하는 수단을 이용하여 환경을 보호하려는 목적으로 왜 경영학과를 지원했는지에 대한 설명이 부족하다는 점이다. 환경 보호라면 이과 계열의 학과를 가려고 판단할 수도 있기 때문이다. 이 부분에 대한 설명이 조금 더 추가되었다면 더 좋은 자기소개서가 되었을 것이라고 본다.

부록

학교별 수시 학생부 종합 전형
학생부 종합 전형 자기소개서 문항

학교별 수시 학생부 종합 전형[7]

🏫 1. 서울대학교

구분	내용		
전형명	학생부 위주 (종합) 지역 균형		
전형요소별 반영비율	학 생 부	면 접	기타
	서류 면접 합산 100 : 면접, 학생부, 자기소개서, 추천서, 학교 특성 소개서		
최저학력 기준	국, 수, 영, 탐 중 3개 영역 이상 2등급		
면접	면접 있음		

---

7) 대학교 사정에 의해 입학 기준이 변경될 수 있으므로 반드시 해당 대학교에 확인하기 바랍니다.

고등학생을 위한 **자기소개서의 정석**

구분	내용			
전형명	학생부 위주 (종합) 지역 균형			
전형요소별 반영비율	전형명	학생부	면접	기타
	인문사회자연		50	50(자소서, 학생부, 추천서 등)
	사범	1단계 – 서류 100 2단계 – 1단계 50, 면접 및 구술 30, 교직적·인성면접 20		
최저학력 기준	최저 없음			
면접	면접 있음			

2. 고려대학교

구분	내용		
전형명	학생부 위주 (종합) 고교추천 Ⅱ		
전형요소별 반영비율	학생부	면접	기타
		50	50 - 학생부, 자기소개서, 추천서, 학교 특성 소개서 1단계 - 100 : 학생부, 자기소개서, 추천서, 학 교 특성 소개서
최저학력 기준	의과대학		국, 수(가), 영, 과 4개 영역 등급 합 5 이내 한(4)
	인문사회		국, 수(가/나), 영, 탐, 4개 영역 중 3개 영역 합 5, 한(3)
	공학자연		국, 수(가), 영, 과 중 3개 영역 합 6, 한(4)
면접	다수의 면접 위원에 의한 평가		

고등학생을 위한 **자기소개서의 정석**

3. 연세대학교

구분	내용		
전형명	학생부 위주 (종합) 면접형		
전형요소별 반영비율	학생부	면접	기타
	100 (1단계)	60 (2단계)	40 (2단계) – 학생부, 자기소개서, 추천서
최저학력 기준	없음		
면접	다수의 면접 위원에 의한 심층적 면접		

구분	내용		
전형명	학생부 위주 (종합) 활동우수형		
전형요소별 반영비율	학생부	면접	기타
		30 (2단계)	100 (1단계) – 학생부, 자기소개서, 추천서 70 (1단계 점수)
최저학력 기준	의예(치)	국, 수(가/나), 영, 과 2과목 중 2개 과목 합4 국어, 수학 과목 중 상위 1과목 반드시 포함 영2, 한4	
	공학 자연	국, 수(가/나), 영, 과 2과목 중 2개 과목 합4 국어, 수학 과목 중 상위 1과목 반드시 포함 영2, 한4	
	인문사회 및 이과계열 교차과목	국, 수(가/나), 영, 탐구 2과목 중 2개 과목 등급 합4 국어, 수학 과목 중 상위 1과목 반드시 포함 영2, 한3	
면접	학업 및 의사소통 능력, 자기주도학습 등 다수의 면접위원에 의한 평가		

4. 서강대학교

구분	내용		
전형명	학생부 위주 (종합) 자기주도형		
전형요소별 반영비율	학생부	면접	기타
			100 − 학생부, 자기소개서, 추천서
최저학력 기준	없음		
면접	없음		

구분	내용		
전형명	학생부 위주 (종합) 일반형		
전형요소별 반영비율	학생부	면접	기타
			100 – 학생부, 자기소개서, 추천서
최저학력 기준	공학 인문사회, 자연과학 : 국,수,영,탐 4개 영역 중 3과목 각 2등급 탐구는 상위 한 과목 한(4)		
면접	면접 없음		

5. 성균관대학교

구분	내용		
전형명	학생부 위주 (종합) 성균인재		
전형요소별 반영비율	학 생 부	면 접	기타
			100 – 학생부, 자기소개서, 추천서
최저학력 기준	최저 없음		
면접	면접 없음		

구분	내용		
전형명	학생부 위주 (종합) 글로벌인재		
전형요소별 반영비율	학 생 부	면 접	기타
		20	80(1단계 점수) – 학생부, 자기소개서, 추천서 (1단계 : 100 – 학생부, 자기소개서, 추천서)
최저학력 기준	최저 없음		
면접	면접 없음		

6. 성균관대학교

구분	내용			
전형명	학생부 위주 (종합)			
전형요소별 반영비율	학생부	면접	기타	
	100			
최저학력 기준	없음			
면접				

7. 중앙대학교

구분			내용
전형명			학생부 위주 (종합) 다빈치형 인재
전형요소별 반영비율	학생부	면접	기타
		30	70(1단계 성적) – 학생부, 자기소개서, 추천서 1단계(100) : 학생부, 자기소개서, 추천서
최저학력 기준			없음
면접			개인별 심층 면접

고등학생을 위한 **자기소개서의 정석**

구분	내용		
전형명	학생부 위주 (종합) 탐구형 인재		
전형요소별 반영비율	학생부	면접	기타
		30	70(1단계 성적) = 학생부, 자기소개서, 추천서 1단계(100) : 학생부, 자기소개서, 추천서
최저학력 기준	없음		
면접	개인별 심층 면접		

8. 경희대학교

구분	내용		
전형명	학생부 위주 (종합) 레오르네상스		
전형요소별 반영비율	학생부	면접	기타
		30	70 – 학생부, 자기소개서, 추천서 1단계 서류 100%
최저학력 기준	없음		
면접	인성, 전공적합성 – 질의응답 10분 내외/서류 확인 및 출제문항 면접 (의학 계열 30분)		

고등학생을 위한 **자기소개서의 정석**

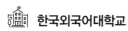 **한국외국어대학교**

구분	내용		
전형명	학생부 위주 (종합) 학생부 종합		
전형요소별 반영비율	학생부	면접	기타
		30	70 – 학생부, 자기소개서, 추천서 1단계 서류 100%
최저학력 기준	없음		
면접	인성, 전공적합성 – 질의응답 10분 내외/서류 확인 및 출제문항 면접 (의학 계열 30분)		

10. 건국대학교

구분	내용		
전형명	학생부 위주 (종합) KU자기추천		
전형요소별 반영비율	학 생 부	면 접	기타
		60	40 – 학생부, 자기소개서, 추천서 1단계 서류 100%
최저학력 기준	최저 없음		
면접	전공적합성, 인성, 발전가능성 – 개별 면접		

구분	내용		
전형명	학생부 위주 (종합) KU학교추천		
전형요소별 반영비율	학생부	면접	기타
	40		60 - 학생부, 자기소개서, 추천서
최저학력 기준	최저 없음		
면접	면접 없음		

11. 서울시립대학교

구분	내용		
전형명	학생부 위주 (종합) – 학생부 종합		
전형요소별 반영비율	학생부	면접	기타
		100 (2단계)	100(1단계) – 학생부, 자기소개서, 추천서
최저학력 기준	최저 없음		
면접	면접 위원 2–3인이 평가		

12. 이화여자대학교

구분	내용			
전형명	학생부 위주 (종합), 미래인재 전형			
전형요소별 반영비율	학생부	면접	기타	
		20 (2단계)	1단계 100 - 자기소개서, 학생부, 추천서 80 (1단계 점수)	
최저학력 기준	스크랜튼 (자),융합	국, 수(가), 영, 과(2과목) 3개 영역 합 5		
	스크랜튼 (인문)	국, 수(가), 영, 탐(2과목) 3개 영역 합 4		
	의예과	국, 수(가), 영, 과(2과목) 3개 영역 합 3		
	인문	국, 수(가), 영, 탐(2과목) 2개 영역 합 4		
	자연	국, 수(가), 영, 과(2과목) 2개 영역 합 4		
면접	다수 면접 위원에 의한 평가			

학생부 종합 전형 자기소개서 문항

• 전국 대학 공통문항 •

1. 본 양식이 필요한 전형은 학교장추천전형, 융합형인재전형, 기회균등특별전형(농·어촌학생, 사회공헌자1, 사회공헌자2, 사회배려자, 특수교육대상자, 특성화고교졸업자, 특성화고 등을 졸업한 재직자)입니다.

2. 본 양식은 인터넷 원서접수 대행기관에서 원서접수와 함께 입력하여 제출하는 방식이므로 별도로 출력하여 제출할 필요는 없습니다.

3. 자기소개서는 지원자가 접수한 대행기관에서 2016년 9월 19일(월) 10:00부터 9월 22일(목) 18:00까지 입력 또는 수정할 수 있습니다. 단, 최종제출이 이루어진 후에는 수정이 불가능합니다.

4. 자기소개서는 국문(한국어)으로 작성하고, 지정된 분량을 초과할 수 없습니다.

5. '고등학교 졸업학력 검정고시' 등 정규 고등학교에 재학하지 않고 고등학교 학력을 취득한 경우 고등학교 학력을 취득하기 위해 준비했던 기간(검정고시 합격일 기준 3년 이내)을 중심으로 기술하십시오.

6. 기회균등특별전형(특성화고 등을 졸업한 재직자) 지원자는 재직 기간을 중심으로 기술하십시오.

7. 본 자기소개서는 입학전형 자료로만 활용되며, 비공개 문서로 관리됩니다.

8. 자기소개서는 지원자 본인이 작성해야 하고, 사실에 입각하여 정직하게 지원자 자신의 능력이나 특성, 경험 등을 기술해야 합니다.

9. 자기소개서에 기술된 사항에 대한 사실 확인을 요청할 경우 지원자는 적극 협조해야 합니다.

10. 제출된 자기소개서는 표절, 대리 작성, 허위사실 기재, 기타 부정한 사실 등의 검증을 위해 유사도 검색을 실시하고, 해당 사실이 발견될 경우 불합격 처리되며 합격 이후라도 입학이 취소될 수 있습니다.

11. 자기소개서에 다음 사항을 기재할 경우 서류 평가에서 "0점"(또는 불합격) 처리됩니다.

1) 공인어학성적

영어(TOEIC, TOEFL, TEPS), 중국어(HSK), 일본어(JPT, JLPT), 프랑스어(DELF, DALF), 독일어(ZD, TESTDAF, DSH, DSD), 러시아어(TORFL), 스페인어(DELE), 상공회의소한자시험, 한자능력검정, 실용한자, 한자급수자격검정, YBM 상무한검, 한자급수인증시험, 한자자격검정

2) 수학 · 과학 · 외국어 교과에 대한 교외 수상실적

수학	한국수학올림피아드(KMO), 한국수학인증시험(KMC), 온라인 창의수학 경시대회, 도시대항 국제 수학토너먼트
과학	한국물리올림피아드(KPHO), 한국화학올림피아드(KCHO), 한국생물올림피아드(KBO), 한국천문올림피아드(KAO), 한국지구과학올림피아드(KESO), 한국뇌과학올림피아드, 전국정보과학올림피아드, 국제물리올림피아드, 국제지구과학올림피아드, 국제수학올림피아드, 국제생물올림피아드, 국제천문올림피아드, 한국중등과학올림피아드
외국어	전국 초중고 외국어(영어, 중국어, 일본어, 프랑스어, 독일어, 러시아어, 스페인어)경시대회, IET 국제영어대회, IEWC 국제영어글쓰기대회, 글로벌 리더십 영어 경연대회, SIFEC 전국영어말하기대회, 국제영어논술대회

* 위에서 열거된 항목 외에도, 대회 명칭에 수학 · 과학(물리, 화학, 생물, 지구과학, 천문) · 외국어(영어 등) 교과명이 명시된 학교 외 각종 대회(경시대회, 올림피아드 등) 수상실적을 작성했을 경우 "0점"(또는 불합격) 처리

** '교외 수상실적'이란 학교 외 기관이 개최한 대회 수상실적을 의미하며, 학교장의 참가 허락을 받은 교외 수상실적이라도 작성시 "0점"(또는 불

합격) 처리

12. 학생부 위주 전형의 자기소개서는 공교육 내에서 이루어진 활동을 작성하는 취지이므로, 위에서 제시되지 않은 항목이라도 사교육 유발요인이 큰 교외 활동(해외 어학 연수 등)을 작성했을 경우, 해당 내용을 평가에 반영하지 않습니다.

⇒ **본인은 자기소개서 작성에 관한 유의사항을 숙지했으며, 유의사항 위반에 따른 조치에 대해서는 이의를 제기하지 않겠습니다. (동의 : □)**

〈지원자 확인 서약〉

1. 본인은 자기소개서를 사실에 입각하여 직접 작성했습니다.

2. 본인은 귀교가 자기소개서와 관련하여 내용 확인을 요청할 경우 적극 협조하겠습니다.

3. 본인은 자기소개서에 고의적인 허위 사실 기재, 대리 작성, 기타 부적절한 사실이 발견되는 경우 불합격, 합격 취소 또는 입학허가 취소, 향후 귀교가 시행하는 입학전형에서 지원자격을 제한받는 등의 불이익을 감수하겠습니다.

⇒ **본인은 위 사항에 대해 확인 서약합니다. (동의 : □)**

1. 고등학교 재학 기간 중 학업에 기울인 노력과 학습 경험에 대해, 배우고 느낀 점을 중심으로 기술해 주시기 바랍니다. (1,000자 이내)

2. 고등학교 재학 기간 중 본인이 의미를 두고 노력했던 교내 활동을 배우고 느낀 점을 중심으로 3개 이내로 기술해 주시기 바랍니다. 단, 교외 활동 중 학교장의 허락을 받고 참여한 활동은 포함됩니다. (1,500자 이내)

3. 학교생활 중 배려, 나눔, 협력, 갈등 관리 등을 실천한 사례를 들고, 그 과정을 통해 배우고 느낀 점을 기술해 주시기 바랍니다. (1,000자 이내)

· 주요 대학 대학별 문항 ·

[서울대학교]
고등학교 재학 기간(또는 최근 3년간) 읽었던 책 중 자신에게 가장 큰 영향을 준 책을 3권 이내로 선정하고 그 이유를 기술하여 주십시오.

▶ '선정 이유'는 각 도서별로 띄어쓰기를 포함하여 500자 이내로 작성
▶ '선정 이유'는 단순한 내용 요약이나 감상이 아니라, 읽게 된 계기, 책에 대한 평가, 자신에게 준 영향을 중심으로 기술

선정 도서		선정 이유
도서명		
저자/역자		
출판사		
도서명		
저자/역자		
출판사		
도서명		
저자/역자		
출판사		

[고려대학교]

해당 모집단위 지원 동기를 포함하여 고려대학교가 지원자를 선발해야
하는 이유를 기술해 주시기 바랍니다. (1,000자 이내)